La mer de Barents

5-7, rue de l'Ecole polytechnique, 75005 Paris

http://www.librairieharmattan.com
diffusion.harmattan@wanadoo.fr
harmattan1@wanadoo.fr

ISBN : 978-2-296-54227-3
EAN : 9782296542273

Fabienne Costadau

La mer de Barents

Un nouvel enjeu géostratégique ?

L'Harmattan

Intelligence stratégique et géostratégie

Collection dirigée par Viviane du Castel

La collection « Intelligence stratégique et géostratégie » vise à mieux comprendre les évolutions du monde découlant de la nouvelle donne géopolitique en construction. Le recours à l'Intelligence stratégique et à la géostratégie sont des incontournables du décryptage du monde.

Les éditions l'Harmattan ont souhaité éclairer les lecteurs sur les changements géostratégiques en créant cette collection « Intelligence stratégique et géostratégie ». Celle-ci se donne pour objectif de présenter des analyses et des mises en relation d'événements internationaux, ainsi que des projections de la géographie et des composantes intrinsèques des Etats, face à un contexte spécifique, dans une perspective stratégique.

Sommaire

Introduction

Alors qu'ils connaissaient un différend juridique important et irrésolu depuis 1976[1] sur la délimitation de leur frontière maritime dans la mer de Barents, les Russes et les Norvégiens ont trouvé de façon tout à fait inattendue un accord le 27 avril 2010 à l'occasion d'une visite d'Etat du Président russe Dimitri A. Medvedev en Norvège[2]. Cet accord a été confirmé par la signature du « Traité de délimitation maritime et de coopération en mer de Barents et dans l'océan Arctique » le 15 septembre 2010 à Mourmansk par les ministres des Affaires étrangères des deux pays, Jonas Gahr Støre et Sergueï Lavrov en présence de Dimitri Medvedev, le Président russe et de Jens Stoltenberg, le premier ministre norvégien[3]. Le Canada, autre partie prenante incontournable de l'Arctique, a immédiatement exprimé des protestations contre la signature de ce traité et à l'occasion de sa première et unique visite à Moscou, le 20 septembre 2010, le ministre des Affaires étrangères canadien, Lawrence Cannon a souligné la position du Canada sur l'Arctique qui est de considérer

---

[1] L'entente conclue par la Norvège et la Russie en 1976 concernant la délimitation de la zone économique exclusive (ZEE) dans la mer de Barents exclut une région de 155 000 km² désignée comme la « zone grise », située entre l'archipel norvégien et les îles russes de Novaïa Zemlya et l'archipel François-Joseph ;

[2] « *Agreement between Norway and Russia on maritime delimitation* », le 27 avril 2010, disponible en ligne sur : http://www.eu-norway.org/news1/Agreement-between-Norway-and-Russia-on-maritime-delimitation/ (dernière consultation le 12 septembre 2010) ;

[3] « *Norway and Russian sign maritime delimitation agreement* », BarentsObserver, 15 septembre 2010, disponible en ligne sur http://www.barentsobserver.com/norway-and-russia-sign-maritime-delimitation-agreement.4819173-16149.html (dernière consultation le 22 septembre 2010), voir le texte de l'accord sur le site du ministère des Affaires étrangères norvégien à l'adresse : http://www.regjeringen.no/en/dep/smk/press-center/Press-releases/2010/treaty.html?id=614254 (dernière consultation le 22 septembre 2010) ;

que la dorsale de Lomonossov fait partie du territoire canadien[4]. La frontière maritime partagera désormais la zone contestée en deux parties égales[5], ce qui est une solution très pragmatique et qui montre à quel point les deux parties sont intéressées par la mise en valeur de la zone et désireuses de garder de très bonnes relations diplomatiques. Les deux Etats ne sont pas fâchés de gérer entre eux, l'essentiel des questions arctiques.

Le fait que ce différend juridique ait été résolu cette année est un signe fort de la convergence des volontés russes et norvégiennes, cela souligne également l'intérêt croissant que les deux pays accordent à la région de la mer de Barents dans un contexte économique difficile, notamment pour la Russie. Plus concrètement, il confirme le fait que la Russie et la Norvège entretiennent une relation très particulière caractérisée par beaucoup de pragmatisme. Enfin, ce fait souligne l'importance que peuvent jouer de bonnes relations inter-personnelles, comme en entretiennent Jonas Gahr Støre et Sergeï Lavrov, respectivement ministre des Affaires étrangères norvégien et russe, pour dépasser les oppositions anciennes.

Du fait du réchauffement climatique et de la fonte des glaces, la banquise a perdu de 1979 à 2005, environ 25% de sa superficie essentiellement dans sa partie Ouest (côté russe). L'océan glacial Arctique est témoin de profonds changements géomorphologiques qui entraînent d'importantes conséquences politiques et juridiques. Jusqu'au début des années 2000, l'Arctique n'était pas considéré comme un espace digne d'intérêt sauf dans le domaine militaro-stratégique qui a toujours joué un rôle majeur notamment du temps de la guerre froide, où il offrait une fenêtre de contacts directs entre l'Union des Républiques

---

[4] « *The owner of the Lomonosov Ridge* », BarentsObserver, le 20 septembre 2010, disponible en ligne sur http://www.barentsobserver.com/the-owner-of-the-lomonosov-ridge.4820721-58932.html (dernière consultation le 22 septembre 2010) ;

[5] Voir la carte officielle de la délimitation frontalière en russe sur le site du ministère des Affaires étrangère norvégien à l'adresse : http://www.regjeringen.no/upload/UD/kart/kart_100914_ny.gif (dernière consultation le 22 septembre 2010) ;

Soviétiques Socialistes (U.R.S.S.) et les Etats-Unis (E.U.). Aujourd'hui, l'océan glacial Arctique est un point clé des revendications des Etats circumpolaires (Russie, Canada, E.U., Norvège, Danemark) voire au-delà et le cœur de toutes les projections économiques, géopolitiques et stratégiques.

Le regain d'intérêt pour l'Arctique se manifeste depuis du début du XXI° siècle et peu à peu tous les Etats directement concernés, comme la Russie, le Canada ou la Norvège, voire certains moins directement impliqués, comme la Chine[6] ou la Corée du Sud, se dotent de stratégies arctiques à savoir des stratégies programmatiques et prospectives indiquant leurs implications et leurs projets dans l'Arctique. La Commission Européenne a, par exemple, adopté un tel document en novembre 2008[7] et l'Assemblée Européenne de Sécurité et de Défense (Assemblée de l'UEO) a reçu des rapports sur la sécurité du grand Nord en juin 2007 et novembre 2008. Le 9 janvier 2009, le Président américain Barack Obama a adopté une directive sur la région Arctique[8]. Pour la Norvège, le Grand Nord est en tête de son agenda de politique nationale autant qu'internationale[9]. La vision norvégienne pour le grand Nord est de voir la mer de Barents se développer comme une « mer de coopération », qui mette en valeur autant les intérêts russes que norvégiens. Les tentatives norvégiennes pour établir une relation de coopération avec la Russie surviennent à un moment où les tensions entre la Russie et

---

[6] JOKOBSON Linda, « *China prepares for an Ice-Free Arctic* » dans SIPRI Insights on Peace and Security, no. 2010/2, Mars 2010, qui indique que l'Arctique pourrait émerger comme une nouvelle ère dans laquelle la Chine définit des nouveaux intérêts stratégiques globaux ;

[7] "*The EU and the Arctic*" : Commission des Communautés européennes. Communication from the Commission to the European Parliament and the Council, COM (2008), p 763;

[8] "*National Security Presidential Directive and Homeland Security Presidential Directive : Arctic Region Policy*", publié par la Maison Blanche, le 9 janvier 2009 et disponible à l'adresse www.whitehouse.gov ;

[9] « *The High North will be Norway's most important strategic priority area in the years ahead* » disponible sur site du Ministère des Affaires Etrangères norvégien www.mfa.no ;

l'Occident sont au plus haut[10]. Considérant sa solide et ancienne position comme puissance arctique, la Russie a accordé une place croissante aux questions arctiques dans ses politiques étrangère et de sécurité[11]. Le discours russe sur le grand Nord est essentiellement centré sur le rôle des militaires pour sécuriser les intérêts économiques et territoriaux russes dans la région[12]. Et de la même manière, les nouveaux intérêts occidentaux dans la région incluent une volonté de renforcer leur posture défensive dans l'Arctique notamment pour les Etats circumpolaires qui sont membres de l'OTAN (à savoir la Norvège, le Canada et les E.U).

Aussi incertaine que soit la fonte des glaces, les revendications des Etats circumpolaires pour se faire reconnaître de vastes zones de souveraineté dans l'océan glacial Arctique n'en sont pas moins réelles. Le fait que l'océan glacial Arctique risque de se retrouver partiellement libre des glaces est une donnée quasi certaine qui change le paysage juridique et politique de la zone. En effet, les Etats circumpolaires entrevoient alors de nouveaux potentiels dans l'Arctique et cherchent à y exercer le maximum de leurs prérogatives souveraines. On peut souligner avec un peu d'ironie que le réchauffement climatique est une grande catastrophe mais qu'il réjouit toutefois un certain nombre d'acteurs qui ambitionnent, à cette occasion, de nouveaux profits !

Les régimes de souveraineté dans l'Arctique sont définis par la Convention des Nations Unies sur le Droit de la Mer (C.N.U.D.M.) ou Convention de Montego Bay (C.M.B.) qui a été signée en 1982 et qui codifie le droit coutumier régissant le droit de

---

[10] FIGENSCHOU RAAVEN Havard, " *Hydrocarbons and jurisdictional disputes in the High North. Explaining the rational of Norway's High North policy*", 2008, FNI ;

[11] ZYSK Katarzyna "Russian Military Power and the Arctic", The EU-Russia Centre's Review, n° 8 – Russian Foreign Policy EU-Russia centre, October 2008, pp 80-86;

[12] HOLTSMARK Sven G. "Towards cooperation or confrontation? Security in the High North", Deputy Director at the Norwegian Institute for Defence Studies, *Research Paper, Research Division, NATO Defence College*, Rome, n°45, February 2009;

la mer. Cette codification a entraîné depuis une quarantaine d'années de la part de nombreux Etats côtiers, l'émergence de revendications et de différends juridiques pour la reconnaissance de leurs droits sur les espaces maritimes entourant ou prolongeant leurs territoires[13]. Par le biais de cette convention, les Etats circumpolaires peuvent demander à se faire reconnaître, si c'est le cas géologiquement, une extension de leurs plateaux continentaux juridiques jusqu'à 350 milles marins (M.M.). A ce jour, seules la Russie et la Norvège ont déposé de telles demandes auprès de la Commission sur les Limites du Plateau Continental (C.L.P.C.), organe juridictionnel créé par la convention et chargé de donner un avis sur de telles revendications, mais ils devraient être suivis par d'autres Etats circumpolaires à savoir le Danemark et le Canada, qui ne veulent pas rester en marge de cette vague.

L'Arctique, une zone très diverse et difficilement définissable.

« We should remember that a geographical region is in the last resort an abstraction with a history which can sometimes tell us much about the past »[14]. Denys Hay[15].

---

[13] Voir entre autres : « *Affaire du Plateau continental de la mer du Nord* », arrêt de la CIJ du 20 février 1969 ; « *Affaire du Plateau continental de la mer Egée* » arrêt de la CIJ du 19 décembre 1978 ; « *Délimitation de la frontière maritime dans la région du Golfe de Maine* », arrêt de la CIJ du 12 octobre 1984 ; « *Délimitation maritime dans la région entre le Groenland et Jan Mayen* », arrêt de la CIJ du 14 juin 1993 ; « *Délimitation maritime et questions territoriales entre Qatar et Bahreïn* », arrêt e la CIJ du 21 mars 2001 ;

[14] Notre traduction : Nous devons nous souvenir qu'une région géographique, en dernier ressort, est une abstraction avec une histoire qui peut parfois nous dire beaucoup à propos du passé.

[15] HAY Denys, « *Geographical Abstractions and the Historian* » cité par M. Bassin dans "*Russia between Europe and Asia : The Ideological Construction of Geographical Space*", Slavic Review, n°1, printemps 1991, p1 par M.R. Djalili et T. Kellner dans "Géopolitique de la Nouvelle Asie Centrale" chez PUF, 2001, p 17;

« L'Arctique » recouvre une zone géographique très difficilement caractérisable tellement elle est variée et très abstraite dans son ensemble. L'Arctique compte un total de 21.000.000 km^2 dont 7.500.000 km^2 sont des terres réparties entre plusieurs pays. C'est un espace trop vaste et trop divers pour pouvoir être considéré tel quel dans sa globalité. En effet, comme le montre le géographe français, Eric Canobbio[16], l'Arctique n'est pas unifiée ni par le climat, ni par la végétation, ni par la géographie physique, ni par la population, ni a fortiori par le régime juridique. Les délimitations géographiques de l'Arctique varient suivant les critères que l'on considère : la limite de la présence/absence de végétation, la limite de la présence du permafrost ou la ligne de Köppen (isotherme +10°C pour la moyenne du mois le plus froid).

L'Arctique est un espace tellement vaste qu'il est commun de le considérer à travers plusieurs sous-ensembles : l'Arctique européen, l'Arctique russe, l'Arctique canadien, l'Arctique central…Dans ce travail, nous allons nous occuper seulement de la partie européenne de l'Arctique qui fait figure de prototype et à l'échelle de laquelle nous pouvons observer toutes les problématiques à l'œuvre de manière globale dans l'Arctique.

La côte russe de l'océan glacial Arctique s'étend sur environ 42.000 km et compte plusieurs fleuves principaux qui alimentent l'océan : l'Ob (5.410 km), la Léna (4.400 km) et le Ienisseï (4.129 km). Ces fleuves ont joué un rôle considérable dans la conquête russe de la Sibérie qui s'est faite du nord vers le sud en suivant ces grandes voies fluviales. Les Novgorodiens qui étaient des rameurs experts, maîtrisaient, grâce aux fleuves, des distances déjà énormes. « *En traversant le Ladoga, ils soumettent la Carélie. En suivant la Dvina du Nord, ils atteignent la mer Blanche. En naviguant sur la Soukhona et, de là, sur la Viatka et la haute Kama, ils s'emparent du pays de Viatka, pourtant à l'extrémité orientale de la Russie de l'époque. Ce sont d'ailleurs ces mêmes techniques qui permettront la conquête de la Sibérie en moins de soixante-dix ans. Une pareille expansion territoriale ne se*

---

[16] CANOBBIO Eric, Atlas des pôles, Autrement, collection Atlas Monde, 2007, pages 8, 11 et 14;

terminera que de l'autre côté du monde, en Alaska, au 19e siècle »[17].

La région arctique représente 18% du territoire de la Fédération Russe soit 3,1 millions de km² depuis qu'en 1989, la commission gouvernementale pour le conseil des ministres de l'URSS pour les affaires arctiques, dans une décision du 24 avril 1989, a attribué à l'Arctique, les territoires suivants : l'Oblast de Mourmansk (Мурманской области), l'Oblast d'Arkangelsk (Архангельской области), l'Oblast de Tioumenckoi (Тюменской области), Krasnoyarckovo Kraya (Красноярского края), la République de Sakha soit la Yakoutie (Республики Саха) et l'Oblast du Tchoukotka (Чукотского АО Магаданской области). Ainsi dans l'agenda politique russe, ces territoires jouent une grand rôle et participent pleinement aux stratégies de développement national.

Eclairage sur l'organisation administrative en Russie

Le territoire de la Fédération de Russie est divisé en régions administratives qui ont différents statuts politique et juridique. De façon générale, il y a cinq types d'unités administratives, à savoir les Républiques autonomes, les Oblasts autonomes, les Oblasts, les Kraïs (régions industrielles) et les Okroug autonomes. Les Oblasts, Kraïs et parfois les Okrougs sont parfois simplement nommés « régions ».

Actuellement, il y a 83 sujets égaux dans la Fédération de Russie dont 21 Républiques autonomes, 9 Kraïs, 46 Oblasts, 2 villes fédérales (Moscou et St Pétersbourg), 1 Oblast autonome et 4 Okrougs autonomes. Les Républiques ont leurs propres Constitution, Gouvernement et Parlement qui est l'assemblée législative. Les Oblasts ont un gouvernement régional conduit par un Gouverneur et une Douma régionale séparée ou Parlement. En

[17] ROQUEPLO Olivier, *« De Novgorod aux menaces de l'Otan »*, publié le 15 avril 2010 dans la revue en ligne Regards sur l'Est et disponible sur http://www.regard-est.com/home/breve_contenu.php?id=1075 (dernière consultation le 17 avril 2010) ;

principe, les Républiques semblent avoir des droits politiques et économiques plus larges que les Oblasts mais dans la pratique, il n'y a pas de grande différence. Donc la rigidité de ce découpage administratif n'est pas très révélatrice de la répartition des pouvoirs politiques et administratifs.

Les Okrougs autonomes bénéficient de certains privilèges garantis à la fois par la constitution de la Fédération de Russie et par des décrets spéciaux donnés par le Président russe. Par exemple, les droits de l'Okroug autonome des Nenets sont assez semblables à ceux de l'Oblast d'Arkhangelsk auquel il appartient formellement.

Aujourd'hui, la région située autour de la mer de Barents dont la population totale en 2005 était de 5,54 millions de personnes regroupe : les Oblasts de Mourmansk et Arkhangelsk (incluant la Novaya Zemlya), les Républiques autonomes de Karélie et des Komi et l'Okroug autonome des Nenets. Il est important de mentionner ce découpage administratif car Eva Toulouse[18] rappelle qu'il faut « *avoir conscience du fait que les frontières entre unités administratives en Russie sont de véritables frontières, qui limitent, sinon la circulation, du moins la communication entre communautés de part et d'autre de la ligne de démarcation* ». Aussi nous allons présenter en détails les Oblasts de Mourmansk et Arkhangelsk.

Dans l'Oblast d'Akhangelsk, l'autorité exécutive appartient à l'administration de l'Oblast ou gouvernement régional qui comporte un grand corps de fonctionnaires. La Douma régionale (Parlement) et le dénommé Petit Conseil exercent le pouvoir législatif de l'Oblast. La Douma régionale est élue au suffrage universel direct pour cinq ans et ses membres élisent entre eux le Petit Conseil. Dans le Parlement régional, les partis politiques et leurs fractions ne sont pas représentés officiellement.

---

[18] TOULOUSE Eva, « *Les découpages administratifs Nenets – contexte, enjeux et identités* », publié le 15 avril 2010, dossier de Regard sur l'Est n°54, disponible en ligne sur http://www.regard-est.com/home/breve_contenu.php?id=1068 (dernière consultation le 17 avril 2010) ;

Mais certains groupes ayant une coloration politique parviennent toutefois à être identifiés. A l'heure actuelle, il y a 41 représentants au Conseil Régional des Députés et 9 commissions permanentes. L'Oblast d'Arkhangelsk est divisé en 20 districts administratifs. Cinq villes (Arkhangelsk, Severodvindsk, Novodvinsk, Kotlas et Koryazhma) ont le statut administratif de « ville de district » et elles sont directement subordonnées à l'Oblast. Le district autonome des Nenets appartient formellement à l'Oblast d'Arkhangeslk mais il est en même temps l'une des 87 unités administratives de la Fédération de Russie. De même, la Novaya Zemlya et la Terre de François Joseph appartiennent à l'Oblast d'Arkhangeslk.

Le pouvoir exécutif de l'Oblast de Mourmansk appartient à l'administration de l'Oblast (Gouvernement régional). Le représentant local du Président de la Fédération de Russie qui est le Gouverneur Général supervise l'exécution des décrets présidentiels. De façon à améliorer la coopération entre l'Oblast et le Gouvernement Fédéral, le Ministère des Affaires Etrangères et le Ministère de l'économie ont des représentants à Mourmansk. L'organe législatif, la Douma régionale est élue tous les cinq ans. La Douma approuve le budget et contrôle son usage. Elle prend aussi des décisions concernant les activités économiques et sociales. La Douma compte 24 députés et bien que les partis politiques ne soient pas officiellement représentés, on compte toutefois la présence des partis Yabloko, le Parti Communiste de la Fédération de Russie, l'Union des Industries et des Entreprises et Rodina.

Le plateau continental de la zone arctique de la Russie, représente près de 70% de l'intégralité du plateau continental détenu par la Russie, soit plus de 4 millions de km². De plus 20.000 km de frontière internationale passent par l'océan glacial Arctique. Dans l'Arctique russe, vivent quatorze peuples autochtones[19] dont

---

[19] Ces peuples sont : les Sâmes, les Komis, les Nenets, les Khantys-Mansis, les Selkoupes, les Kètes, les Enets, les Evenkes, les Nganassanes,

neuf sont considérés comme les « *petits peuples du Nord* » (« *малочисленных народов* »)[20] soit près de 50.000 personnes. Les plus nombreux et plus importants sont les Nenets qui étaient 15.858 en 1897 et sont 41.302 en 2002[21]. Ils sont situés dans trois arrondissements : l'Oblast d'Arkhangelsk, l'Okroug autonome Imalo-Nenets et le Raïon du Taïmyr[22]. Eva Toulouse ajoute que « *pour les Nenets eux-mêmes, les frontières entre arrondissements sont pertinentes dans leur vie quotidienne. Les modes de vie diffèrent considérablement, et les conditions d'exercice des professions traditionnelles également* ». Précisons que l'Okroug autonome des Nenets a été fondé en 1929 et il est sujet de la fédération qui possède des droits pleins et entiers d'après la constitution de la Fédération de Russie de 1993. Le pouvoir de l'Okroug autonome des Nenets est représenté par une administration locale auto-gérée. Le pouvoir législatif appartient à la chambre des députés et à 20 formations municipales. En 2002, la population de l'Okroug recouvre 75 nationalités. Le Nenets représentent 15,6% de la population, les Komis, 9,5% et les Russes plus de 70%. Le centre administratif est basé à Naryan-Mar, ce qui veut dire la belle ville, fondée en 1935.

Historiquement, la partie arctique de la Russie n'avait pas d'agglomération, toutes les infrastructures (villes, les groupements

---

les Dokganes, les Yakoutes, les Youkaguirs, les Tchouktches et les Koriaks. Voir Atlas des pôles, Eric CANOBBIO, Autrement, collection Atlas Monde, 2007, p 19;

20 «*Les petits peuples du Nord de la Russie : c'est sous cette dénomination que les Russes regroupent la mosaïque de peuples autochtones qui se distribuent à travers l'Arctique et le Subarctique eurasiatiques, notamment en Sibérie* » : Le monde polaire - Mutations et transitions, sous la direction de M.-F. André, éditions ellipses, 2005 ;

21 Voir les statistiques en ligne en russe sur le site «Всероссийская перепись населения 2002 года» http://www.perepis2002.ru/index.html?id=17 (dernière consultation le 15 avril 2010) ;

22 Voir la carte de Vincent DAUTANCOURT pour Regards sur l'Est sur http://www.regard-est.com/img/Toulouze6.jpg (dernière consultation le 17 avril 2010) ;

industriels, les entreprises, les ports) ont été développées pour les besoins de l'exploitation des ressources[23]. Le développement de ces infrastructures a été rendu possible par l'amélioration des moyens de communication, de transport et des conditions climatiques. Ces infrastructures ont été réalisées soit sur les zones de faible peuplement aux emplacements des bourgs des peuples du Nord, soit sur les bases des géologues. Toutefois le territoire de l'Arctique est peu propice pour l'installation humaine et la frontière sud représente la limite historique de peuplement naturel[24].

Le Grand Nord et notamment la région de la mer de Barents ne sont pas des espaces nouvellement accessibles ou nouvellement exploitables. La « géohistoire » du Grand Nord russe nous enseigne que la conquête et la mise en valeur de la région sont anciennes et que, notamment pendant la période soviétique, elles ont été conséquentes. La conquête de la Sibérie s'est faite par le nord, notamment par le biais du clergé orthodoxe du temps de l'Empire tsariste. Le développement de cette région a toujours été associé à un usage carcéral que ce soit sous l'Empire tsariste ou encore bien davantage du temps de l'URSS.

Pourquoi se focaliser sur la partie européenne de l'Arctique ?

---

[23] SLEZKINE Yuri, Arctic mirrors. Russia and the small peoples of the North, Ithaca, Cornell University Press, 1994 ;

[24] Notre traduction de « *Основы стратегии устойчивого развития арктической зоны России* », disponible sur : http://www.arcticregion.ru/council/654.html (dernière consultation le 17 avril 2010) ;

D'après le chercheur norvégien, Kristian Atland[25], il y a plusieurs façons de définir les rivages de la partie européenne de l'Arctique. Le concept d'«Arctique européen » désigne la partie de l'Europe qui est située au-dessus du Cercle Arctique à savoir essentiellement l'océan glacial Arctique. A la différence du concept de « région de Barents » qui inclut aussi les espaces de terres du nord de la Norvège, de la Suède, de la Finlande et de la Russie européenne en plus des espaces maritimes. La mer de Barents est le centre géographique et stratégique de la partie européenne de l'Arctique[26].

Ayant des rivages importants sur la mer de Barents, la Russie et la Norvège voient leurs intérêts économiques et de sécurité se rencontrer de façon directe, notamment sur l'archipel du Spitzberg où ils cohabitent étroitement. Durant la Guerre Froide, la région était a fortiori considérée comme d'un très grand intérêt stratégique, étant donné qu'elle marquait la frontière entre l'OTAN et l'URSS et le lieu de potentiels contacts directs. L'équilibre du Nord était soutenu par la politique de non-alignement pacifique et de neutralité de la Suède et du statut particulier de la Finlande vis-à-vis de l'URSS et surtout par l'attitude réservée de la Norvège vis-à-vis de l'URSS dont elle ne s'est départie que très récemment envers la Russie.

La partie européenne de l'Arctique est une zone qui fait sens à plusieurs titres. Tout d'abord climatiquement, elle bénéficie des courants d'air chaud du Gulfstream et ainsi elle n'est pas englacée. C'est une zone dans laquelle le trafic maritime régional est assez dense notamment pour des échanges marchands entre la Russie, la Norvège, des pays extérieurs européens et les Etats Unis.

---

[25] ATLAND Kristian, "*Russia, the Barents Sea, and the Arctic: From Cold War to Petroleum Bonanza?*" in Bertil Nygren, Bo Huldt, Patrik Ahlgren, Pekka Svionen & Susanna Huldt (eds.) : "*Russia on Our Minds: Russian Security Policy and Northern Europe*", Strategic Yearbook 2008-2009. Stockholm: National Defence University 2010, pp. 111-132;

[26] Voir une carte de situation de la mer de Barents sur © http://www.cultinfo.ru/fulltext/1/001/009/001/217786006.jpg (dernière consultation le 12 juin 2010) ;

En outre, c'est la zone que considère l'Union Européenne (U.E.), au titre de « Kolarctique » [27], un projet de développement ciblé organisé dans le cadre de la Politique Européenne de Voisinage et INTERREG III. Les régions couvertes côté russe sont : les Oblasts de Mourmansk et d'Arkhangelsk, la République de Carélie, et l'Okroug autonome des Nenets. L'idée de la politique de « Kolarctique » est de promouvoir la coopération trans-frontalière entre les Etats du nord de l'Europe et les régions de la Russie du nord-est et ainsi de diluer l'effet de frontière pour rendre la zone plus homogène. Pour la période 2007-2013, il est prévu d'allouer plus de 28 millions d'Euros[28] sur la base d'une stratégie précise.

Outre ce programme, il faut souligner que l'U.E. accorde un intérêt très modéré à l'Arctique comme le montre Kristine Offerdal[29]. En effet, un ensemble de confusions institutionnelles au sein de l'U.E., de manque de cohérence et de clarté ont bridé les chances d'avoir une attention particulière de l'U.E. sur le Grand Nord alors que cet espace est crucial pour celle-ci en matière de stratégie énergétique et de stabilité géopolitique.

Sans doute, les intérêts de la Russie dans le Nord vont bien au-delà de la mer de Barents et de l'Arctique européen mais, pour les besoins de cette étude, nous nous concentrerons exclusivement sur cette zone qui semble tout à fait cohérente non seulement d'un point de vue climatique, économique mais surtout politique car cette zone illustre les configurations de relations diverses que la Russie entretient avec les Etats circumpolaires voisins.

---

[27] Voir la carte de l'aire du programme Kolarctique sur « Regional Capacity Building Initiative » à l'adresse : http://www.rcbi.info/pics/2007101717436tOM.jpg (dernière consultation le 27 mai 2010) ;

[28] Voir la présentation du Kolarctic ENPI CBC : http://www.kolarcticenpi.info/images/Applpacks/kolarctic%20enpi%20cbc%20-programme%20appr%20191220 08%20en.pdf ;

[29] OFFERDAL Kristine, « *Arctic energy in EU policy: arbitrary interests in the Norwegian High North* », Arctic, vol. 63, no.1, March 2010, disponible en ligne en anglais sur http://www.geopoliticsnorth.org/index.php?option=com_content&view=article&id=120&Itemid=83 (dernière consultation le 13 avril 2010);

Une zone hautement géopolitique

Si l'Arctique a semblé un espace stratégique particulièrement important du temps de la guerre froide, son potentiel pour les Russes est connu et exploité depuis beaucoup plus longtemps. Ainsi le regain actuel des prétentions arctiques dans le discours politique russe n'est pas une nouveauté mais bien d'avantage la marque de la poursuite de la mise en valeur d'un espace toujours considéré comme hautement stratégique. La Russie cherche à reprendre du terrain dans le Grand Nord, tant au sens propre qu'au sens figuré, car comme nous le verrons, elle va même jusqu'à demander que lui soit reconnue une extension de sa zone souveraineté continentale jusqu'au pôle, selon la théorie des secteurs à laquelle elle est très attachée.

Soulignons que durant le « temps des troubles »[30] eltsiniens, la région avait été très malmenée et les quelques avantages pécuniaires dont bénéficiaient les habitants de la région du Grand Nord, du temps de l'URSS, du fait de la rudesse des conditions de vie, leurs ont été supprimés, ce qui a conduit nombre d'entre eux à quitter la région. Sans compter que durant près d'une dizaine d'années, les investissements se sont taris, ce qui a entraîné un vieillissement significatif des infrastructures, tant industrielles que militaires. Ainsi la volonté manifestée depuis le début de la présidence de Vladimir Poutine de mettre en valeur la région n'est certainement pas une mauvaise chose et est accueillie avec

---

[30] Reprise de la période du « temps des troubles » historique qui désigne « *la période de guerre civile qui oppose le Sud cosaque au Centre moscovite, conflit finalement tranché par le Nord (Kholmogory, Kargopol, Viatka, Vologda, Oustioug, Beloozersk...) pour caractériser la période de la présidence eltsinienne. Restées fidèles au Centre, ce sont ces grandes villes du Nord qui lèvent en leur sein l'armée qui va libérer Moscou des Polonais et des Cosaques, en 1612* » (ROQUEPLO Olivier, « *De Novgorod aux menaces de l'Otan*», publié le 15 avril 2010 dans la revue en ligne Regards sur l'Est et disponible sur http://www.regard-est.com/home/breve_contenu.php?id=1075 (dernière consultation le 17 avril 2010) ;

bienveillance par les habitants des régions concernées qui se sont sentis abandonnés depuis la fin de l'URSS.

Le potentiel économique de la région de la mer de Barents est très important, que ce soient les ressources halieutiques, en hydrocarbures ou d'autres minéraux. Il est depuis très longtemps connu et exploité autant par les Russes que les Norvégiens. Actuellement les experts estiment que la mer de Barents renfermerait une réserve équivalant à 7,5 milliards de barils de pétrole et à 9 000 milliards de m³ de gaz[31]. Depuis 2004, coté russe ce sont les sociétés Lukoil, Gazprom et Yukos qui exploitent des gisements dans les mers de Barents et de Kara et côté norvégien, c'est l'entreprise d'Etat Statoilhydro (dite Statoil).

Même si les tensions étaient particulièrement fortes – jusqu'à la résolution du conflit frontalier que nous mentionnions- dans la zone comprise entre le Spitzberg et la Nouvelle-Zemble, où se trouvent les gisements gaziers les plus importants, les deux Etats sont dorénavant invités à unir leurs forces pour exploiter conjointement ces ressources. Pour diverses raisons, il se trouve que la Russie est souveraine sur la plupart des ressources contenues dans la région qui sont situées à l'intérieur de sa Zone Economique Exclusive (Z.E.E.) ou sur son Plateau Continental (P.C.). Toutefois elle ne peut les exploiter seule car elle ne dispose pas encore des hautes technologies offshore nécessaires. Technologies dont bénéficient en revanche les Norvégiens qui les ont déjà mises en œuvre avec succès dans le champ gazier de Snøhvit (champ de gaz situé dans la mer de Barents à 140 km au nord-ouest de Hammerfest, en Laponie norvégienne). Les Norvégiens pour leur part vont connaître très prochainement un épuisement des ressources contenues dans leurs propres Z.E.E., ce qui les conduit à

---

[31] VANDERVRUYSSEN Olivier, « *La Nouvelle-Zemble: carrefour stratégique de l'Arctique russe* » dans le dossier de Regards du l'Est intitulé "*Portrait du Nord de la Russie européenne*", publié le 15 avril 2010, disponible en ligne en français sur http://www.regard-est.com/home/breve_contenu.php?id=1079 (dernière consultation le 17 avril 2010) ;

diversifier la localisation de leurs champs d'exploitation, notamment dans le secteur russe de la mer de Barents.

La mer de Barents est donc devenue un «épicentre géopolitique»[32]: si la Russie se rapproche de l'Europe pour des raisons économiques, la Norvège préfère se tourner vers les Etats-Unis et la mer de Barents devient, de plus en plus fréquemment, un haut lieu de manœuvres et de démonstrations navales. Les relations russo-norvégiennes sont très paradoxales. Les deux pays ont longtemps eu des intérêts conflictuels notamment pour des questions de pêche et de frontières maritimes mais il semble à l'heure actuelle que ceux-ci convergent de façon inédite. En effet, les deux voisins sont forcés de s'entendre notamment pour l'exploitation des ressources et préfèrent d'ailleurs que cette région reste « calme ». Les contacts diplomatiques entre les deux Etats sont visiblement très productifs mais cela cache des réelles divergences et des rapports de forces sérieux.

Les Norvégiens sont riches et puissants mais aussi très modestes et ils savent négocier avec les Russes de façon à ne pas les attaquer de front ou les heurter dans leur sensibilité. Les Russes, pour leur part, sont plus démonstratifs et ne lésinent pas sur les annonces mais celles-ci cachent tout de même des fondements très fragiles. Pour garder sa capacité défensive et offensive dans l'espace Barents-Kara, la Russie dispose d'un imposant potentiel militaire (navires de surface, sous-marins nucléaires, bombardiers stratégiques) déployé sur un réseau de base situé entre Mourmansk, la Nouvelle-Zemble et l'archipel François-Joseph[33].

---

[32] VANDERVRUYSSEN Olivier, « *La Nouvelle-Zemble: carrefour stratégique de l'Arctique russe* » dans le dossier de Regards du l'Est intitulé "*Portrait du Nord de la Russie européenne*", publié le 15 avril 2010, disponible en ligne en français sur http://www.regard-est.com/home/breve_contenu.php?id=1079 (dernière consultation le 17 avril 2010) ;

[33] VANDERVRUYSSEN Olivier, « *La Nouvelle-Zemble: carrefour stratégique de l'Arctique russe* » dans le dossier de Regards du l'Est intitulé "*Portrait du Nord de la Russie européenne*", publié le 15 avril 2010, disponible en ligne en français sur http://www.regard-

Ainsi cette zone qui n'est pourtant pas ouvertement conflictuelle est le terrain d'affrontement de nombreux intérêts géopolitiques dont l'évolution pacifique n'est jamais durablement garantie, même si la résolution très récente du conflit frontalier russo-norvégien porte à croire que les deux pays souhaitent sincèrement éviter de s'affronter.

Pour analyser ces aspects, nous nous proposons de suivre les lignes de force de l'école française de géopolitique telles que développées par Yves Lacoste qui nous amènerons à nous interroger sur les représentations à l'œuvre dans la région, à observer et analyser les conflits d'intérêts et leurs développements potentiels et à caractériser le jeu ambiguë entre les grands acteurs que cette région abrite.

Quels sont les enjeux pour la Russie et la Norvège dans la partie européenne de l'Arctique, dans le contexte du réchauffement climatique qui semble ouvrir de nouvelles possibilités d'usages?

L'objet de ce mémoire sera à travers une étude des aspects essentiellement juridiques, économiques et diplomatiques de déconstruire les représentations qui existent sur l'Arctique européenne et d'aborder les enjeux réels qui sont à l'œuvre dans la zone à travers la relation russo-norvégienne qui nous semble être particulièrement intéressante à analyser.

Pour tenter de mener à bien cet objectif, nous tenterons de décrire la partie européenne de la l'arctique à travers quatre problématiques contemporaines (partie I). A la suite de quoi, nous observerons que la mer de Barents est une aire géopolitique non conflictuelle bien que très stratégique autant pour les Russes que pour les Norvégiens (partie II).

---

est.com/home/breve_contenu.php?id=1079 (dernière consultation le 17 avril 2010) ;

L'Arctique européen : présentation à travers quatre problématiques contemporaines

L'Arctique dans sa globalité est l'objet de diverses projections du fait du réchauffement climatique (A). Dans ce contexte, de nouvelles possibilités de navigation s'ouvrent sur la Route Maritime du Nord (B). En Russie, celles-ci contribuent à l'essor de Mourmansk qui renoue avec le développement, après deux décennies noires, ce qui n'est pas le cas de Norilsk. En Norvège, le cas particulier du Spitzberg et la ville de Longyearbyen, illustre que la nordicité n'est pas un obstacle au développement. A travers ces trois grandes villes, nous donnerons un aperçu du Grand Nord russe et norvégien (C).

A. Effets des changements climatiques ou le poids des incertitudes

La zone arctique est certainement la première touchée par les effets du réchauffement climatique mais celui-ci est encore entouré de nombreuses incertitudes qui invitent à rester prudents sur les conséquences à moyen et long terme que celui-ci pourrait avoir dans la zone. En outre, le froid n'est pas un désavantage et il n'a d'ailleurs jusqu'alors pas empêché le développement de la région. Dans l'arctique, le tourisme semble être l'un des leviers majeurs de développement.

Doutes et incertitudes sur l'occurrence et les effets du réchauffement climatique dans l'Arctique

Dans la zone, le discutable (et discuté) réchauffement climatique ne va pas se traduire par un réchauffement. Au contraire avec l'arrêt de l'effet du Gulfstream, l'Europe et la partie européenne de l'Arctique devraient connaître un refroidissement. Certes la configuration climatique de la zone va changer mais pas nécessairement dans le sens qui est attendu. La partie européenne de l'Arctique, comme nous le soulignons en introduction, n'est pas une zone englacée. Le port de Mourmansk n'est jamais pris par les glaces et il est le seul port russe à ne jamais geler l'hiver, ce qui lui donne une dimension si stratégique pour la flotte du Nord. Ainsi il se pourrait que tout le contexte climatique de la zone se transforme mais pas nécessairement dans le sens d'un réchauffement. Et, si cela devait se produire, ce ne serait certainement pas à court terme.

La fonte de la calotte glaciaire arctique si elle se vérifiait et prenait plus d'ampleur aurait les effets suivants : elle ouvrirait des voies de communication maritimes relativement libres de glaces : le Passage du Nord-Est (dorénavant mentionné P.N.E.), le passage du Nord-Ouest (dorénavant mentionné P.N.O.) voire un passage transpolaire, et permettrait de développer les vols transcontinentaux qui passent au-dessus du pôle. En outre, elle rendrait possible une exploitation des ressources naturelles (minières et d'hydrocarbures) en off-shore et entraînerait des modifications géographiques considérables qui auront des effets importants sur les populations autochtones et non autochtones des zones subarctiques, ainsi que sur le bâtis et les infrastructures diverses.

Depuis 1995, on observe la disparition apparente et rapide de la couverture de glace océanique actuelle, ainsi que l'amincissement de la glace pluriannuelle. Selon les observations satellitaires de la NASA, le couvert de glace à son minimum de septembre, dans l'ensemble de l'Arctique, a diminué de 21,3% de 1992 à 2006, marquant ainsi une accélération d'un phénomène observé dès les années 1980, mais encore fort lent à l'époque. Ces faits ont été confirmés par les campagnes océanographiques de 2005 et de 2006, dans les parties russe et canadienne de l'Arctique. Ces campagnes ont été l'occasion de mesurer de visu l'ampleur des changements. On peut égaler citer, le Centre national américain de données sur la neige et la glace[34] qui a indiqué que les glaces estivales couvraient 5,32 millions de km² en 2005 et 4,24 en

---

[34] Notre traduction de « National Snow and Ice Data Center –NSIDC » ;

2007[35], soit une perte de près de 25% de leur surface. Au résultat, de vastes espaces maritimes étaient pratiquement totalement libres de glace à des époques où aurait dû se trouver une banquise saisonnière conséquente. Ceci a été confirmé par les Inuits qui, de mémoire traditionnelle, affirment ne jamais avoir vu un tel phénomène et s'inquiètent des signes d'essoufflement des populations de phoque et d'ours qui ont besoin de la banquise pour mettre bas ou chasser.

La banquise fondrait et surtout, la banquise pérenne, c'est-à-dire la banquise pluriannuelle se rétrécirait, ce qui aurait pour effet d'accélérer la fonte. Dans la région, les effets du réchauffement climatique seraient particulièrement marqués car, du fait de la fonte de la calotte glaciaire, l'albédo c'est-à-dire la réflexion des rayons du soleil, diminue ce qui accélère le réchauffement. Celui-ci entraîne une augmentation du niveau des océans et aussi des rejets de méthane, qui sont de grands contributeurs au phénomène de l'effet de serre à très court terme. Ainsi la calotte glaciaire fondrait rapidement, ce qui pourrait laisser apparaître un océan glacial Arctique relativement libre des glaces. Relativement, car des icebergs dérivants sont fréquemment observés et ils devraient être de plus en plus nombreux du fait même du réchauffement. Ces icebergs peuvent entrer en collision avec les navires, ce qui fait peser un grand risque sur la navigation.

Il faut également souligner que la surface de la glace d'hiver aurait, elle aussi, commencé à se réduire. On pensait jusqu'à présent que le phénomène de fonte ne touchait que la glace en été et que le couvert de glace se reformait chaque hiver. Or, les observations satellites, au maximum de février, témoignent d'une baisse de 7% de la glace d'hiver de 2003 à 2006. Ce point est important car, plus les glaces d'hiver sont réduites, moins grande sera l'énergie requise pour la faire fondre et plus la banquise se réduira aussi en été.

---

[35] L'année 2007 a été la plus froide dans l'Arctique, les chiffres de 2008 et 2009 ne sont pas aussi frappants, ce qui amène à se demander si l'année 2007 n'était pas tout simplement une année exceptionnelle ;

Au résultat, de nombreux scientifiques affirment que la banquise estivale de l'océan glacial Arctique devrait disparaître d'ici vingt à trente ans environ. Seule subsisterait une banquise permanente hivernale dont l'étendue demeure encore inconnue et que le réchauffement grignoterait peu à peu. Les prévisionnistes de l'Institut polaire norvégien prévoient qu'au cours de l'été 2013, l'océan Arctique pourrait être totalement libre de glaces. Michel Rocard[36], qui indique pour sa part l'année 2015 pour connaître un pôle libéré des glaces, souligne que nous pourrions connaître au cours de l'été 2010, l'*annus horribilis* en termes de fonte de la banquise et que la surface de celle-ci pourrait être encore moindre que celle de l'été 2007.

Sur certains documents récents, on peut voir que la banquise reste « accrochée » aux îles du Groenland et du Nord du Canada. Ceci est dû au courant chaud du Gulfstream qui souffle du côté du P.N.E. et qui réchauffe davantage le coté russe de l'Arctique. Si l'effet du Gulfstream se poursuivait le P.N.E., côté russe, serait beaucoup plus dégagé que le passage du Nord-Ouest (P.N.O.).

Malgré le crédit donné aux conclusions précédentes, de grandes incertitudes demeurent sur la réalité du phénomène, sa pérennité et sur sa vitesse réelle. Dr. Chris Huntingford du centre anglais pour l'écologie et l'hydrologie[37] a déclaré: "*I think the research scientists in general are extremely cautious about making projections for the future, but that caution is vital. We don't dispute that warming is happening, but it's important that the NGOs and other people interested in the issue don't always pick the high scenario and present it as fact*[38]". Nous aurons l'occasion

---

[36] ROCARD Michel, Ministre de France chargé des négociations internationales relatives au pôles Arctiques et Antarctique, discours au colloque de l'IFRI sur les enjeux du grand Nord, le 3 juin 2010, à Paris ;

[37] Notre traduction de "Centre for Ecology and Hydrology";

[38] Notre traduction : *« Je pense que la recherche scientifique en général est très prudente en faisant des projections pour le futur, mais cette prudence est vitale. Nous ne discutons pas que le réchauffement survienne mais il est important que les ONG et les autres personnes qui s'intéressent à cette question ne choisissent pas toujours le scénario*

d'observer à diverses reprises, qu'en effet, tous les projets qui sont avancés en Russie ou dans les autres pays circumpolaires sont très prospectifs et qu'ils se basent sur le postulat du réchauffement climatique, sur lequel planent encore de grandes incertitudes. Toutefois, le temps apportera les réponses attendues sur l'opportunité ou pas de mener à terme tous les projets entrepris. Pour la Russie, la question du temps n'est pas un problème, ce qui la dote d'un atout considérable pour voir ses conditions acceptées dans les négociations diplomatiques.

Effets bénéfiques du froid et conséquences négatives d'un éventuel réchauffement

Le fait que le réchauffement climatique produise localement un refroidissement n'est pas un mal car le froid a des avantages et permet de nombreuses réalisations. A l'inverse, la fonte du pergélisol peut avoir des conséquences très néfastes côté russe et norvégien, obligeant à la reconstruction de toutes les infrastructures. Globalement dans l'Arctique, la fonte du pergélisol (ou permafrost) pourrait provoquer le déplacement de quatre millions de réfugiés climatiques qui seraient forcés de quitter leurs lieux de résidence à cause des effets directs et indirects de la fonte. Les Norvégiens qui sont plus riches et mieux organisés que les Russes ont déjà pris des mesures pour corriger ou renforcer leurs infrastructures de manière à faire face à la fonte du pergélisol. Pourtant, les Russes devraient être également très touchés, notamment dans la partie Ouest du grand Nord russe où le pergélisol n'est pas très profond.

---

catastrophe et le présentent comme un fait ». Dans "*Exaggerated claims undermine drive to cut emissions, scientists warn*" par Mark HENDERSON, 30 octobre 2009, Timesonline, disponible en ligne en anglais sur http://www.timesonline.co.uk/tol/news/science/earth-environment/article6896152.ece (dernière consultation le 2 mai 2010) ;

Le « thermokarst »[39] désigne, à l'origine, par analogie avec les plateaux calcaires troués de dolines, des étendues planes accidentées de cuvettes marécageuses et lacustres associées à des affaiblissements provoqués par la fusion du pergélisol. La rupture de l'équilibre thermique du pergélisol peut avoir une origine naturelle, notamment le réchauffement climatique mais également l'érosion fluviale ou littorale exposant le pergélisol, les feux de forêt ou la déforestation. Cette rupture peut être accélérée par l'activité anthropique, ce qui est le cas de figure que nous connaissons actuellement.

Les incidences du pergélisol sur les activités humaines se manifestent par deux contraintes principales : la faiblesse des disponibilités en eau et la mobilité saisonnière de la couche active qui menace la stabilité des infrastructures et des bâtiments. L'alimentation en eau nécessite des forages profonds. En Sibérie, de vastes territoires sont essentiellement approvisionnés par des sources pérennes alimentées par les nappes profondes situées sous le pergélisol. Le gel menace l'eau des canalisations et les hydrocarbures des pipelines. Au printemps, le dégel de la couche active, « mollisol », provoque l'affaiblissement des pistes d'atterrissage, des autoroutes et la déformation des voies ferrées.

La sécurité et la maintenance des infrastructures[40] est l'un des enjeux majeurs auquel la Russie sera confrontée ces prochaines années. Aux intersaisons (automne-hiver et hiver-printemps), certaines régions seront confrontées à une dégradation des bâtiments due à la fonte de la glace et aux affaissements du sol. Avec le réchauffement climatique, ce phénomène va s'accentuer et toucher notamment l'extrême Nord de la Russie européenne à savoir les plaines de la Sibérie de l'Ouest, la côte de la mer de Kara

---

[39] GODARD Alain, ANDRE Marie-France, Les milieux polaires, Armand Collin, 1999 ;

[40] Voir Strategic prediction for the period of up to 2010-2015 of climate change expected in Russia and its impact on sectors of the Russian national economy par le service federal pour l'hydrométéorologie et le monitoring environnemental (Roshydromet);

et la Nouvelle-Zemble mais aussi le Chukotka, les sections Nord de l'Indigirka et de la Kolyma et le Sud-Est de Yakoutie.

Ces régions ont des infrastructures très développées surtout dans les secteurs de la production du gaz et du pétrole. Ces infrastructures devraient être très touchées par la fonte du permafrost, ce qui pose de nombreuses questions. Une menace particulière est la diminution du permafrost en Nouvelle-Zemble à proximité de vastes espaces de stockage de matières radioactives tout autant que dans la péninsule de Yamal où se situe l'essentiel du potentiel de production de pétrole de la région.

Dans les régions où le risque est très élevé, il sera nécessaire de renforcer ou de construire des fondations très profondes (au delà du pergélisol) pour supporter les lignes de pipelines et les ponts. Il faudra aussi impérativement détecter au plus tôt les éventuelles déformations et prendre les mesures nécessaires pour les étayer.

Toutefois, il existe des parades techniques pour tenter de faire face à la fonte du pergélisol. La prise de conscience de la vulnérabilité des terrains pergélisolés et des surcoûts inhérents à des aménagements mal contrôlés a été précoce en Sibérie, elle daterait des années 1920. Mais c'est surtout la découverte des champs pétrolifères, dans les années 1960 qui a marqué le début d'une période au cours de laquelle s'est développée une véritable stratégie préventive. Il s'agissait de minimiser les dommages en évitant de construire sur des substrats limoneux sensibles aux déformations, de trouver une série de parades techniques comme par exemple surélever et équiper les pipelines d'un système de refroidissement sur la moitié du parcours. Dans le contexte du réchauffement climatique, l'équilibre thermique du pergélisol est particulièrement fragile et la moindre interférence d'activités anthropiques peut le rompre.

Pour le moment, il est difficile de savoir quelle sera l'ampleur de la fonte du permafrost et ses effets. Il est difficile de juger avec si peu de recul mais la tendance est globalement au réchauffement et à la rétraction du pergélisol. Les prévisions vont donc bon train, notamment en Sibérie, où, sur la base d'un scénario de 2°C d'augmentation de la température moyenne annuelle, on envisage une perte de surface du pergélisol de l'ordre de 10% en un demi-siècle. Le problème apparaît surtout dans les marges subarctiques où le pergélisol est mince et sporadique et où s'accroît la pression anthropique et notamment la déforestation. Cela va créer de nouvelles contraintes pour l'aménagement de l'espace car non seulement il faudra considérer la reconstruction des zones endommagées par la fonte du permafrost mais également prévoir de doter les nouvelles constructions de fondations beaucoup plus profondes.

Le tourisme dans l'Arctique : levier du développement régional

Le tourisme dans les zones arctique et antarctique s'est beaucoup développé ces dernières années, même s'il reste encore d'un niveau moindre en Arctique car les conditions de navigation sont très difficiles même en été. Les formes de ces expéditions ont évolué, de la croisière classique, à des excursions plus aventurières pour un public plus initié. Ce tourisme est le fruit de beaucoup de représentations et d'un engouement très conjoncturel, les espaces polaires sont vus comme des zones inaccessibles, que l'on croit encore fortement préservées et protégées. D'ailleurs le tourisme polaire est souvent perçu comme un jumeau de l'écotourisme[41]. L'un comme l'autre traduisent le besoin du touriste de vivre une expérience dans une région naturelle dite « méconnue » et encore « pure » parce que loin des destinations traditionnelles de masse. C'est un tourisme « d'élite » car les prix pratiqués dans ce secteur sont très élevés et prohibitifs. Cette représentation est partiellement fausse, en effet le trafic touristique est devenu si important de nos jours, en Antarctique notamment, que les organisateurs de circuits

---

[41] GRENIER Alain A., « *Croisières et tourisme polaire : Des vacances aux confins de la géographie* », *VertigO - la revue électronique en sciences de l'environnement*, Regards sur le monde, 2008, disponible en ligne sur : http://vertigo.revues.org/index8444.html (dernière consultation le 02 janvier 2010) .

doivent souvent ruser pour éviter que les différents groupes ne se croisent et que chaque compagnie continue de faire croire à chacun de ses clients qu'il est le premier à visiter cette région !

Ainsi les années 1990 ont été le témoin d'une hausse marquée du tourisme de croisières polaires en Antarctique et à un niveau moindre, en Arctique. Bien sûr, cette branche est très concurrentielle et les compagnies concernées se comportent de façon de plus en plus agressive. Les organisateurs ont donc recours à toutes sortes d'astuces pour rentabiliser leurs navires et leurs destinations sans pour autant détruire la ressource qui en l'occurrence est leur fond de commerce.

En vérité, ce n'est pas un tourisme très respectueux de l'environnement et qui exige des outils extrêmement sophistiqués. La navigation en milieu polaire nécessite des navires de classe polaire, voire des brises-glace. Or, peu de navires de ce type peuvent accommoder des touristes. On doit toutefois noter que la chute de l'URSS en 1991 a libéré certains des meilleurs navires polaires jusque là employés à des fins scientifiques. Faute de pouvoir financer leurs nombreux programmes scientifiques, les Russes optent pour la location de leurs technologies et de leurs équipages à des intérêts étrangers, ce qui permet non seulement de sauver des emplois mais aussi de maintenir les navires en bon état. En outre, cette fréquentation croissante et relativement plus démocratique des régions polaires occasionnée par la mise à disposition par les Russes de leurs technologies a permis de faire d'avantage connaître ces régions et aussi de soutenir le développement régional. Pour ne citer que la ville norvégienne de Longyearbyen dans le Spitzberg, le tourisme y est maintenant la première source de revenu, devant les activités minières. Cette reconversion de la ville était devenue nécessaire pour maintenir une présence norvégienne sur l'archipel.

B. Dans le contexte du réchauffement climatique, des possibilités de développement de la Route Maritime du Nord

Une longue expérience historique, celle de la Russie en témoigne, montre qu'il existe un lien de corrélation très étroit entre les objectifs géopolitiques qu'un Etat ambitionne dans une région donnée et l'établissement d'un réseau de transport et de communications fiable dans et hors de cette région. A l'inverse, comme le souligne le Prof. Dr. L.S. Voronkov[42], la création et le développement d'infrastructures de transport dans une région présume qu'un Etat a l'intention de remplir de nouvelles missions géopolitiques.

Dans la partie russe de l'Arctique, le réseau ferroviaire est l'objet de toutes les attentions car combiné au réseau de transport maritime au départ de Mourmansk ou Arkhangelsk, il offre des possibilités économiques et géopolitiques très intéressantes pour la Russie. Ceci est attesté par la « *Stratégie de développement du transport ferroviaire de Russie jusqu'en 2030* »[43] élaborée par Vladimir V. Poutine pour développer le réseau ferré moyennant un investissement de 400 milliards d'euros. Dans la perspective de cette stratégie se développe le projet *Belkomour* (acronyme de ***Bel****oïe more* (mer Blanche), ***Kom****i,* ***Our****al)* à savoir la construction d'une voie ferrée entre Perm et Arkhangelsk qui permettrait de

---

[42] Л.С. Воронков du МГИМО, dans « Геополитические измерения развития транспорта и логистики в регионе БЕАТА» disponible en ligne en russe et en anglais sur http://www.geopoliticsnorth.org/index.php?option=com_content&view=article&id=58&Itemid=41 (dernière consultation le 10 avril 2010) ;

[43] « Стратегия развития железнодорожного транспорта в Российской Федерации до 2030 года » adoptée le 17.06.2008 et disponible en ligne en russe sur http://doc.rzd.ru/isvp/public/doc?STRUCTURE_ID=5086&layer_id=3368&refererLayerId=3367&id=3770 (dernière consultation le 17 avril 2010) ;

faciliter le transit entre les régions du Nord de la Russie, et de réduire considérablement le trajet entre l'Oural et la mer Blanche[44].

La première traversée intégrale de la Route Maritime du Nord (dorénavant mentionnée R.M.N.) revient au suédois Nordenskjöld en 1879. En Russie, les origines de la réflexion sur la R.M.N. remontent à la guerre russo-japonaise de 1905, avec la défaite de Tsushima quand la flotte russe qui avait été forcée de faire la moitié du tour du monde avait été défaite par les Japonais qui opéraient près de chez eux. Suite à sa défaite dans cette même guerre, la Russie fût soucieuse de conserver ses voies d'accès maritimes. L'Empire tsariste puis l'URSS à sa suite, entreprirent de se doter de solides infrastructures maritimes sur les côtes arctiques[45].

Le gouvernement général de la R.M.N. *(« Главное управление Северного морского пути (Главсевморпуть, ГУСМП)* ») est une organisation gouvernementale qui a été crée en 1932 pour la mise en valeur de l'économie nationale de l'Arctique et pour l'organisation de la navigation sur la R.M.N. Jusqu'en 1953, elle ressortait du gouvernement général du Sovnarkom, de 1953 à 1964, du gouvernement général des transports maritimes de l'URSS. A l'heure actuelle, l'administration de la R.M.N. (« *Администрация Северного морского пути* ») dépend de l'agence fédérale des transports maritimes et fluviaux du Ministère des transports de la Fédération de Russie.

---

[44] CAGNOLI Sébastien, « *Fret ferroviaire entre le Transsibérien et la mer Blanche: où en est le projet Belkomour?* », 15 avril 2010 dans le dossier n° 54 de Regards sur l'Est, disponible en ligne sur http://www.regard-est.com/home/breve_contenu.php?id=1072 (dernière consultation le 17 avril 2010) ;

[45] VANDERVRUYSSEN Olivier, « *La Nouvelle-Zemble: carrefour stratégique de l'Arctique russe* » dans le dossier de Regards du l'Est intitulé "Portrait du Nord de la Russie européenne", le 15 avril 2010, disponible en ligne en français sur http://www.regard-est.com/home/breve_contenu.php?id=1079 (dernière consultation le 17 avril 2010) ;

Le gouvernement tsariste était préoccupé au 19ème siècle de la nécessité de défendre et assurer les intérêts géopolitiques de la Russie dans le grand Nord. Ces efforts ont été combinés à des mesures pour renforcer les réseaux de communication et de transport dans la zone et avec les régions plus centrales du pays. L'Empire russe a promu par tous les moyens possibles, la création d'un réseau de chemin de fer très étendu dans, ce qui était à l'époque, le Grand Duché de Finlande. Cela contribuait non seulement à renforcer les interactions économiques entre la Russie et la Finlande mais également les positions géopolitiques russes au sein du Grand Duché et dans le grand Nord européen en général. Pour protéger ses intérêts dans le grand Nord, la Russie a ouvert une ligne de navire à vapeur entre Arkhangelsk et la côte de Mourmansk en 1871 puis entre Arkhangelsk et l'archipel de la Nouvelle Zemble en 1880. Au début des années 1880, la Russie a commencé à patrouiller dans les eaux du grand Nord durant la saison de pêche et s'est mis en tête de construire une base permanente de la marine sur la côte de Mourmansk. Celle-ci était reliée à la gare de Mourmansk et au port naval sur la côte de la Baie de Kola. Par la suite, le port est devenu la base de la flotte russe de l'océan Arctique et le cœur du centre industriel et a acquis un important poids stratégique non seulement pour la région mais également pour tout le pays.

Au début, les intérêts géopolitiques russes dans la région étaient liés à l'établissement d'une base navale, au développement de l'économie et du réseau de transport vers les régions plus centrales du pays mais également à la promotion du peuplement. Dans les décennies qui suivirent, la mise en valeur a permis l'émergence de grandes bases de peuplement, de ports, d'un réseau de transport et communication, de centres scientifiques, industriels, miniers énergétiques et du développement de la pêche et de la marine marchande. L'établissement de la flotte russe du Nord et l'existence d'équipement civils et militaires tout autant que l'intégration de régions plus isolées du grand Nord dans le système économique russe ont été nécessaire à l'Empire pour accomplir des missions géopolitiques plus larges dans la région.

Avec l'avènement de l'URSS, une dimension économique vint se greffer à cette réflexion. La politique de développement soviétique reposait beaucoup à ses débuts sur la volonté de mise en valeur de ses ressources propres. En 1920, le Comité de la R.M.N. fut constitué afin « *d'équiper, d'améliorer et d'étudier* » le passage dans toute sa longueur. En 1932, Moscou décida de lier le développement des ressources naturelles du Nord et le soutien actif à la navigation de la route maritime, en créant l'administration centrale de la R.M.N. Cette même année, un premier voyage commercial entre Mourmansk et Vladivostok a été effectué. Grâce au développement des infrastructures portuaires et de brises-glace et à la familiarisation avec la navigation dans ces eaux difficiles, ces itinéraires ont été ouverts aux navires marchands alliés en provenance du Pacifique pendant la deuxième guerre mondiale. Des efforts considérables ont été déployés pour ouvrir cette route maritime, navigable sur toute sa longueur dès les années 1930 et toute l'année dans sa partie occidentale de la presqu'île de Kola jusqu'à Dikson. Dès 1935, a débuté l'exploitation commerciale de cette route ouverte par Moscou, essentiellement entre Mourmansk et Doudinka, près de l'embouchure de l'Ienisseï. L'objectif était de développer systématiquement une desserte de la côte maritime arctique. Cette route présentait l'avantage de permettre la desserte des villes le long des principaux fleuves sibériens qui constituent les principaux axes de transport dans ces régions reculées. La mise en service dans les années 1980 d'une importante flotte de brise-glace nucléaires (75 000 chevaux) a permis que la R.M.N. soit ouverte toute l'année. C'est très exactement à partir de 1978 que la R.M.N. fut ouverte toute l'année de Mourmansk à Doudinka, et de juin à novembre de Dikson à Vladivostok. Ces brises-glaces ouvrent la voie à des transporteurs qui assurent l'acheminement des ressources minières de l'Arctique russe vers des unités de transformation, notamment vers la Chine[46]. Dans les années 1980, la mise en service d'une flotte importante de brises-glace a considérablement augmenté le trafic maritime de la R.M.N., le volume de marchandises annuel passant de 2 980 milliers de tonnes en 1970 à 6 580 milliers de tonnes en 1987.

---

[46] VANDERVRUYSSEN Olivier, « La Nouvelle-Zemble: carrefour stratégique de l'Arctique russe » dans le dossier de Regards du l'Est intitulé "Portrait du Nord de la Russie européenne", le 15 avril 2010 ;

Le projet soviétique était exclusivement destiné au développement du Nord sibérien par la flotte marchande soviétique. Aucune dimension de transit entre Europe et Asie n'était alors envisagée et aucun projet d'ouverture de la desserte des ports arctiques à des affréteurs non soviétiques non plus et ce, jusqu'en 1966. Cette année-là apparurent de timides efforts pour tenter de séduire les transporteurs occidentaux et encaisser des devises fortes. En 1967, le cargo *Novovoronezh*, avec une escorte de brise-glaces, effectua un voyage de démonstration, reliant Le Havre, Hambourg et Rotterdam à Yokohama en 27 jours. En 1977, le brise-glace *Arktika* a atteint le pôle, démontrant qu'il était possible, en été du moins, de naviguer dans les eaux arctiques.

En 1987, Mikhaïl Gorbatchev dans son discours de Mourmansk du 1er octobre[47], avait annoncé son désir de voir s'ouvrir la R.M.N. à la navigation internationale entre l'Europe et l'Extrême Orient. Il déclarait en substance que l'Union Soviétique était déterminée à mettre en œuvre tous les moyens à sa disposition pour éviter que l'Arctique ne devienne un jour une zone de conflits. Il proposait d'établir dans le grand Nord une zone de paix et de coopération internationale avec en particulier l'ouverture de la R.M.N. aux navires étrangers dont l'URSS assurerait la sécurité avec ses brises-glace. Ce discours avait été suivi d'effets car quelques années plus tard, l'administration soviétique publiait une réglementation et une tarification ouvertement destinées à attirer la navigation étrangère dans les eaux de la R.M.N., afin de constituer une source de revenus issus des droits de passage et des services de pilotage. Longtemps la R.M.N. promettait d'être réservée aux seuls cargos à coques renforcées mais le réchauffement climatique contribuera sans nul doute à donner une nouvelle vigueur au programme de développement de l'Arctique de Gorbatchev.

Le déclin de la population combiné à l'effondrement de la demande et à l'interruption des financements publics a affecté la

---

[47] Discours de Mikhaïl GORBATCHEV à Mourmansk disponible en anglais sur le site de Barentsobserver à l'adresse: http://www.barentsinfo.fi/docs/Gorbachev_speech.pdf (dernière consultation le 10 janvier 2010) ;

R.M.N. et son trafic a été divisé par quatre. De nombreux équipements terrestres (navires du service hydrographique, stations météo, aviation polaire, ports...) n'ont plus été entretenus ou ont été abandonnés. Certains ports ont été privatisés, ainsi Dikson et Doudinka appartiennent désormais à Norilsk Nickel. Le déclin économique et matériel de la R.M.N. s'accompagne du départ des cadres spécialisés ce qui entraîne la perte d'un savoir-faire et d'une expérience.

Etant donné qu'à la fin du régime soviétique, l'Etat s'était totalement retiré de la région, la Russie risquait de perdre la maîtrise de la R.M.N. au bénéfice d'opérateurs étrangers, européens, états-uniens ou japonais. L'idée fut avancée de créer une entreprise par actions pour financier les infrastructures et la sécurité de la navigation. Finalement en 1999, l'Etat adopta une politique de renaissance de la Route Maritime du Nord et en 2000 il décida de fonder un service public centralisé : « l'administration de la R.M.N. ».

Une nouvelle « Doctrine maritime » de la Russie a été signée par l'ancien Président Vladimir V. Poutine en 2001. Outre des aspects militaires et scientifiques, une partie de cette doctrine porte sur la nécessité pour le pays de posséder une marine marchande et des transports maritimes efficaces. Pour que la circulation sur la R.M.N. soit actuellement possible, elle nécessite de nouveaux types de navires : des brises-glace nucléaires dits de troisième génération, porte-barges et cargos spéciaux de 8.000 à 15.000 tonnes.

La R.M.N., bien que victime d'un déclin depuis 1991 avec la chute de l'URSS constitue encore une route maritime essentielle dont le trafic est non-négligeable. En 1991, Moscou annonçait l'ouverture de la route au trafic international mais les armateurs étrangers ont manifesté, au début du moins, très peu d'intérêt pour cet itinéraire et aujourd'hui encore ils se disent rebutés par les prix très élevés du péage que prélèvent les Russes et par le contrôle opéré par le F.S.B. En effet, depuis 2001, les autorités russes ont très nettement renforcé leur contrôle sur le trafic maritime et si le trafic international devait se développer, les Russes ont déjà fait savoir qu'ils prélèveraient certainement un péage qui leur permettrait, bien d'avantage que d'assurer la sécurité, de renforcer leur contrôle et leur souveraineté. Il est certain que la Russie souhaite gérer et tirer profit de ce passage qui est un atout économique et stratégique potentiellement considérable.

Ainsi, comme le détaille Pierre Thorez[48], le renouveau de la R.M.N. vient de Norilsk Nickel, Gazprom, Lukoil, Rosneft, Rosshelf, des régions (Kraï de Krasnodar, République de Sakha-Iakoute et Oblast du Tchoukotka) et des compagnies de navigation (Mourmansk Shipping Company, Northern SC, Arctic SC, Far Eastern SCO, Primorsk SC et United Lena River Company et Ob-Irtysh River Company) qui ont des intérêts croissants dans le développement du passage.

Dès 1993, le Japon et la Norvège se sont intéressés au potentiel commercial de la R.M.N. et ils ont lancé conjointement avec la Russie un ambitieux programme de recherche : « le Programme international pour la R.M.N. ». La recherche a souligné la faisabilité technique des projets russes visant à développer le trafic maritime de cette région. Cette étude souligne toutefois sa faible probabilité en termes commerciaux, compte tenu des coûts associés tant aux péages qu'à la navigation dans une région encore largement englacée. Seules les entreprises de navigation russes ont activement utilisées cette route, souvent sur le seul segment Ouest ou pour effectuer du transit Europe-Asie pendant la période 1989-1995 après quoi les ajustements des taux de change et une hausse substantielle des tarifs d'escorte obligatoire ont rendu cet itinéraire moins intéressant.

Avec le développement de la navigation maritime, plusieurs analystes et les gouvernements des pays riverains, notamment la Norvège, s'inquiètent de la venue possible de « navires poubelles » et du risque environnemental que pourrait représenter la navigation dans les eaux arctiques de vieux navires sous pavillon de complaisance, affrétés par des compagnies maritimes peu scrupuleuses. Les contrôles des navires dans les

---

[48] THOREZ Pierre, « *Sevmorput, la Route maritime du Nord* », Le Courrier des Pays de l'Est, La Documentation Française, mars-avril 2008 ;

ports se sont faits plus nombreux et des progrès ont donc été accomplis. D'ailleurs plusieurs Etats détenteurs de pavillons de complaisance, ont éliminé, sous la pression, bon nombre de leurs vieux navires. Mais les craintes des Etats côtiers ne sont pas encore totalement apaisées. Il faut noter qu'à cause du froid, le pétrole met beaucoup plus de temps à se résorber, donc les cas de pétroliers échoués sont des catastrophes considérables qui ont des conséquences durables. Citons par exemple, le cas du pétrolier de la compagnie Exxon-Mobil qui s'est échoué en Alaska et qui a eu un très grand retentissement médiatique. Il a été accessoirement utilisé par la Russie et le Canada pour revendiquer que la navigation sur ces voies soit organisée selon leurs propres termes, c'est pourquoi ils revendiquent une souveraineté absolue.

En Russie, on estime que la navigation sur le P.N.E. va permettre de désengorger le cabotage sur les fleuves sibériens. Ceux-ci sont utilisés sur deux créneaux, à savoir la desserte des communautés locales celle des mines qui s'ouvrent dans la région. Il y a un intérêt certain des armateurs pour la desserte locale mais la route de transit restera longtemps marginale. Sans compter que pour le transit, les armateurs sont très sceptiques à cause des glaces dérivantes et de l'absence de marché de desserte locale.

Durant l'été 2009, deux navires allemands de la compagnie allemande Beluga Shipping ont effectué avec succès la traversée de la R.M.N., sur une mer presque entièrement libre de glaces. Ils étaient toutefois escortés en permanence d'un ou deux brises-glace russes, le « *Россия* » (*Rossya)* et le *«Пятдесть лет победи » (piatdeciat let pobedi* ou cinquante ans de la Victoire), à partir du détroit, jusqu'à leur destination, le port de Novyy. La traversée de la R.M.N. par deux navires allemands l'été dernier témoigne davantage de la politique d'ouverture des russes que du dés-englacement des mers arctiques[49]. Après une escale au port de Vladivostok le 25 juillet, les deux navires ont atteint le point le

[49] Voir article "*L'ouverture (politique) de la route maritime du Nord*" publié par le Cercle polaire et disponible sur le site de l'association à l'adresse http://www.lecerclepolaire.com/# (dernière consultation le 10 janv. 10) ;

plus septentrional de la R.M.N., le détroit de Vilkitzki, le 4 septembre. Pendant leur traversée du détroit de Béring, les deux navires ont croisé de nombreuses plaques de banquise dérivantes et des petits icebergs. Les deux Beluga ont atteint Port Novyy, le 7 septembre où ils ont déchargé une cargaison de modules de centrale électrique et ont ensuite relié Rotterdam via Mourmansk pour décharger une deuxième cargaison de matériaux de construction. Avec une route maritime réduite d'environ 5.000 km, l'affréteur estime avoir gagné une dizaine de jours de transit et économisé environ 300.000 $ par bateau. En effet, même s'il a du payer les Russes pour l'assistance des brises-glace, ce service s'est révélé moins coûteux que les droits de péage classiques sur le Canal de Suez ou Panama. Ce gain contribue à attiser l'intérêt déjà grandissant des compagnies étrangères. La seule chose dont se soit plainte la compagnie *Beluga Shipping* est le poids des procédures administratives. Il lui a fallu près d'un an avant que l'entreprise allemande soit en mesure de réunir toutes les autorisations nécessaires. Les Etats-Unis, la Norvège, le Japon et la Chine s'intéressent de plus en plus près à la R.M.N. Ces compagnies sont toutefois conscientes que le trajet est périlleux et soumis de surcroît à une tarification et à une réglementation russes qui manquent de transparence.

Malgré de nombreuses difficultés, les projets de navigation sur la R.M.N. se multiplient. Citons par exemple, la compagnie russe Norilsk-Nickel qui a fait débuter mercredi 15 septembre le transit sur la R.M.N. de l'un de ces vaisseaux cargo le « *Monchegorsk* » porteur de métaux entre Dudinka et Shanghai. La traversée est supposée durer une vingtaine de jours contre une soixantaine par la route traditionnelle qui passe par l'Europe et le canal de Suez[50]. En septembre 2010 également, la compagnie maritime publique russe, *Sovcomflot*, prévoit d'envoyer un chargement pétrolier de la mer Blanche jusqu'au Japon, comme l'a

[50] « *Norilsk-Nickel sails to Asia via Arctic* », BarentsObserver, le 16 septembre 2010, disponible en ligne sur : http://www.barentsobserver.com/norilsk-nickel-sails-to-asia-via-arctic.4819659-116320.html (dernière consultation le 22 septembre 2010) ;

annoncé M. Igor Levitin, Ministre des transports de la Fédération de Russie, au cours d'une conférence à Arkhangelsk mi-mai 2010[51].

Depuis 1906, date du premier transit complet du Passage du Nord Ouest (P.N.O.), on ne compte fin 2008 que 120 navires l'ayant accompli. Ce sont essentiellement des brises-glace canadiens et depuis quelques années des navires de plaisance qui tentent l'aventure. A l'été 2009, on a observé une hausse du trafic lié au tourisme dans le P.N.O., mais celle-ci est d'avantage due à l'accroissement de la capacité des compagnies de desserte locale déjà présentes dans la région, qu'à de nouvelles dessertes. Ainsi, si généralement le trafic lié au tourisme, à l'exploitation des ressources naturelles et surtout à la desserte des communautés locales augmente, en revanche le trafic de transit demeure très faible, que ce soit dans l'Arctique canadien ou russe.

L'argument de la proximité plaide pourtant en faveur d'un intérêt réel des armateurs mais le transport maritime ne raisonne pas qu'en termes de distance. Jusqu'à présent, malgré les techniques de construction navales modernes, les rigueurs polaires fermaient le P.N.O. à toute navigation commerciale. La R.M.N. était ouverte grâce aux investissements majeurs consentis par Moscou mais le trafic demeurait difficile et cher. Outre le gain de distance que représentent les passages du Nord, ils n'imposent aucune limite de gabarit, ni de tirant d'eau pour les navires souhaitant l'emprunter par rapport au Canal de Panama qui ne permet le passage de navires de tirant d'eau de 12 mètres au maximum et le Canal de Suez de 18,9 mètres. Toutefois, cette absence de limite de gabarit n'est vraie que tant qu'il n'est pas besoin de recourir au concours des brises-glace, auquel cas, il faut que les navires ne soient pas plus large que leurs sillages. Grâce à la baisse des coûts des technologies de construction navale comme

---

[51] "*Sovcomflot to sail on Northern Sea Route in September*", 25 mai 2010, Barents Observer, disponible en ligne sur http://www.barentsobserver.com/sovcomflot-to-sail-on-northern-sea-route-in-september.4786481-116320.html (dernière consultation le 27 mai 2010) ;

la coque renforcée, il est possible pour les cargos de naviguer dans des eaux où flotte une banquise résiduelle. Le gain de distance qu'offrent les passages du grand Nord est surtout important pour les échanges entre deux pays septentrionaux eux-mêmes.

La navigation arctique est certes possible mais elle est loin d'être facile. Il y a beaucoup d'icebergs dérivants qui sont dangereux et demandent aux Etats riverains de se positionner immédiatement pour apporter des solutions de secours en cas de catastrophe. Pour ce qui est du droit, les icebergs, outre la question de la responsabilité en cas de collision posent une autre question, à savoir le droit de les exporter pour ensuite exploiter l'eau qui résulterait de leur fonte.

Avant de pouvoir espérer utiliser les routes maritimes du Nord, il faut résoudre la question de savoir avec quelle régularité les détroits se libèreront des glaces à l'avenir et comment les blocs de la banquise pluriannuelle à l'Ouest, dériveront lorsqu'elle se désagrégera. En effet, la fonte progressive de l'inlandsis du Groenland va par exemple entraîner un fort accroissement du nombre d'icebergs dérivants dans la baie de Baffin (située entre le Nunavut (Canada) et le Groenland) qui vont rendre la navigation très délicate. Ils sont détectables mais imposent une grande rigueur dans la navigation et une allure réduite. Cette difficulté est moindre au Nord de la Sibérie. Malgré cela, des collisions se produisent parfois. Aux changements de saison car la zone de transition entre mer libre et mer gelée est très dangereuse car les blocs de glace y sont particulièrement en mouvement. Le recours à des navires à coque renforcée suppose de lourds investissements qui nécessitent un amortissement rapide. Ces navires dont la coque renforcée est plus lourde, sont moins hydrodynamiques et consomment plus de carburant. Sans compter qu'il faut un équipage expérimenté et des équipements spécifiques si l'on veut envisager de naviguer sans une escorte de brise-glace. Ces équipements nécessaires sont, par exemple, des projecteurs nocturnes pour la détection visuelle des blocs de glace, des radars puissants, un hélicoptère embarqué pour la reconnaissance préalable des détroits… Au final, tous ces risques de navigation auxquels il faut aussi ajouter les brouillards et le givrage conduisent les compagnies d'assurance à demander des primes nettement plus élevées que pour les zones subarctiques. Ces primes sont une contrainte qui pèse considérablement dans le choix des compagnies maritimes d'emprunter cet itinéraire. L'Arctique russe est mieux à même d'accueillir le trafic potentiel car une série de petits ports s'égrènent le long de la côte sibérienne, offrant des relais et des postes de secours.

La structure du transport maritime est différente selon le type de marchandise transportée. On distingue généralement le vrac (minerais, céréales, ciment, gaz, pétrole) transporté dans des vraquiers ou des tankers et des marchandises manufacturées transportées soit dans des navires polyvalents, soit dans des navires porte-conteneurs. Les compagnies maritimes de vrac fonctionnement sur la base du contrat ad hoc et affichent donc rarement des routes régulières. Alors que les compagnies de transport conteneurisées ne vendent pas que du transport, elles fournissent un service logistique, plus ou moins complet et intégré, le coût n'est qu'une des variables de gestion du service qu'elles offrent. Comme naviguer en hiver demeurerait impossible sans des navires à coque fortement renforcée ou en suivant la trace d'un brise-glace, cela impliquerait de modifier deux fois par an les itinéraires logistiques. Ceci est non seulement complexe et coûteux pour les affréteurs et augmente le risque d'erreur et donc de retard lors de la transition. Sans compter que nombre de compagnies maritimes ont investi des sommes considérables dans le développement de terminaux portuaires le long de leurs principales routes et que pour elles, changer ces routes en été reviendrait à abandonner de façon saisonnière ces escales.... Les compagnies estiment que de telles stratégies seraient peu appréciées par leurs clients et contre-productif pour l'amortissement de ces investissements. Aucune diversification des marchés n'est envisageable par une route arctique, qui en outre ne dessert aucun port significatif en termes de conteneurs. Ainsi, on ne peut raisonnablement pas s'attendre à voir des porte-conteneurs naviguer prochainement, de façon régulière, dans les eaux arctiques. Surtout du côté canadien car leur équipement en brises-glace est bien moindre que celui des Russes.

La Russie compte prélever des droits de péage sur la Route Maritime du Nord, ce qui pourrait lui fournir une source de devises appréciable et surtout lui permettre d'exercer un certain contrôle sur la navigation. Toutefois, il faut d'abord qu'elle mettre sur pied des infrastructures pour que cette navigation se déroule de façon organisée. Il faut mettre des éclairages, des bouées, prévoir un système d'assistance et tout cela aura un coût considérable pour l'Etat russe qui n'est pas sûr de pouvoir rentrer dans ses frais à court terme. Sans compter que les entreprises maritimes ne se précipitent pas vraiment pour utiliser cette route car il n'est pas certain que l'opération soit rentable pour elles. Le système russe de droits de péage peut également être considéré comme un moyen supplémentaire de décourager un usage de cette route par des navires étrangers. En effet, le F.S.B. opère un contrôle très strict de tous les navires qui longent les côtes russes et doivent communiquer leur position deux fois par jour. Une telle surveillance est certainement motivée par une volonté de porter assistance plus facilement aux navires étrangers mais également par un esprit de contrôle croissant sur toute présence étrangère en Russie. Il faut souligner que même si les compagnies maritimes se plaignent de devoir payer des frais de passage, la Russie est dans son droit d'en imposer. L'usage des canaux de Panama et Suez est également payant. En effet, la plupart du passage se fait dans les eaux intérieures russes sur lesquelles l'Etat est pleinement souverain. Si pour des raisons de sécurité, la Russie devait devancer les navires en question par ses brises-glace alors il serait normal qu'elle fasse payer ce service.

Les entreprises intéressées pour utiliser les passages du Nord étaient au nombre de quinze seulement d'après une enquête menée de février 2008 à juin 2009 auprès de 121 compagnies maritimes de l'hémisphère nord par l'équipe du chercheur canadien Frédéric Lasserre. Parmi celles-ci, sept sont déjà présentes dans la zone depuis des années. Les entreprises intéressées par l'Arctique font valoir une réduction des coûts par le biais de l'économie de carburant et la plupart de celles-ci ne fonctionnent pas en juste-à-temps et n'ont pas d'horaires à respecter. Plusieurs compagnies, penchent plutôt pour la R.M.N. du fait de la présence d'infrastructures portuaires et d'escortes de brises-glace en cas de besoin. Pour le moment, très peu d'entreprises ont choisi de miser sur le transit par les routes du Nord, compte tenu des coûts élevés associés à l'investissement dans des navires spécialisés. Le monde du transport maritime ne voit pas l'Arctique comme une route de transit entre l'Europe et l'Asie, ou entre la côte Est et l'Asie, mais bien plus comme une destination, que ce soit pour la desserte des communautés ou pour le transport des ressources naturelles extraites de Russie. Si plusieurs cadres de ces industries émettent de sérieux doutes quand à l'avènement prochain d'une route de transit internationale fréquentée dans l'Arctique, il est certain que la Russie va chercher à développer ce passage pour son propre usage. Cela lui permettrait de mieux relier les deux extrémités Est et Ouest de son vaste territoire.

C. Description du Grand Nord à travers trois villes phares russes et norvégienne

Mourmansk et Norilsk ou le développement très différent de deux villes du Grand Nord russe

La partie russe de la mer de Barents est la zone la plus peuplée de la région même si la population n'a cessé de diminuer ces dernières années. La principale raison pour laquelle l'Arctique russe est si peuplée –Mourmansk a une population qui est égale à trois fois celle de l'Arctique canadien- est que l'URSS avait délibérément placé ses atouts militaro-industriels au Nord.

Par rapport aux régions septentrionales norvégiennes ou finlandaises et même par rapport aux régions russes environnantes, la région de Mourmansk fait figure de zone très dynamique. Comparée à Norilsk qui semble décliner inexorablement, Mourmansk jouit d'une situation plutôt enviable. La comparaison de ces deux villes, situées pareillement au delà du cercle polaire, montre que la situation septentrionale n'est pas nécessairement un inconvénient. Pour Mourmansk, la coopération avec la Norvège est l'un des principaux contributeurs à son dynamisme actuel. En effet, la région de Mourmansk est devenue, ces dernières années, un important nœud pour les expéditions pétrolières entre l'Ouest de la Sibérie, l'Europe de l'Ouest et les Etats-Unis. Cette tendance est appelée à se poursuivre puisque dans la partie centrale de la mer de Barents, à 540 km des côtes de la péninsule de Kola se trouvent les plus grandes réserves de gaz naturel offshore prouvées à ce jour.

Des installations permanentes ont été établies à Mourmansk dès le XVI° siècle mais au moment où la première guerre mondiale a éclaté seuls quelques milliers de personnes y vivaient. A l'inverse, à la fin de la guerre froide, à peu près 1,2 millions de personnes vivaient dans l'Oblast de Mourmansk qui était le plus grand champ de pêche de toute l'URSS. La construction du port de Mourmansk a commencé en 1895 et a été achevée en 1899 pour l'usage de la flotte marchande russe. L'établissement de la flotte militaire russe date de 1917 après l'achèvement de la construction de la ligne de train reliant Mourmansk au reste de la Russie. Le port de Mourmansk était stratégique à cette époque pour les mêmes raisons qu'aujourd'hui à savoir que c'est le seul port russe qui ne gèle pas de toute l'année et à cause de sa proximité avec l'océan Atlantique. A la fin de l'URSS, la ville était plus tristement célèbre à cause de la très grande pollution de son environnement. La population a diminué de près de 24% au cours de ces deux dernières décennies mais, dorénavant la vague des départs semble s'être résorbée. Les habitants de Mourmansk ne désirent plus quitter cette ville qui fait figure de ville moderne et européenne et qui exerce un fort pouvoir d'attraction dans la région proche. Sans compter qu'outre les ressources halieutiques, minières et en hydrocarbures, la région met en valeur le tourisme qui y est déjà assez fortement développé.

Les villes de Mourmansk et de Norilsk ont été développées toutes les deux *ex nihilo* au début du XX°siècle avec, comme le soulignent Céline Bayou et Eric le Bourhis[52], des finalités différentes. Norilsk devait permettre l'exploitation des riches gisements de nickel et autres minéraux découverts alentour.

---

[52] BAYOU Céline, LE BOURRHIS Eric, « *Norilsk et Mourmansk, quel avenir pour deux villes du Grand Nord russe ?* », Le Courrier des pays de l'Est, La documentation française, mai 2008, p 35 ;

Mourmansk pour sa part allait devenir une base stratégique, puis une plaque tournante des transports liés à l'exploitation industrielle de la région et au développement de la Route Maritime du Nord. Précisément, Mourmansk doit sa grande croissance démographique aux constructions de bases militaires. En 1989, la population de la ville se chiffrait à 470 000 habitants. Mais comme pour Norilsk, l'abandon, dans les années 1990, de la politique volontariste à l'égard du Grand Nord a plongé l'agglomération dans une grave crise économique, sociale et environnementale. La population de la ville est tombée à 375 000 habitants en 1999 et 311 209 aujourd'hui. Au cours de ces dix dernières années, Mourmansk a perdu 100 000 habitants, soit un quart de sa population. Toutefois, même avec une population réduite, Mourmansk reste la plus grande ville située au nord du cercle polaire.

A la chute de l'URSS, ces deux villes et leurs oblasts ont subi de grandes restructurations et notamment la fin de la politique de mise en valeur du Grand Nord qui faisait que l'URSS invitait des travailleurs à s'installer dans ces régions en échange de salaire plus élevés qu'ailleurs en URSS et de quelques avantages matériels. Particulièrement dans les années 1970, les travailleurs ont été incités à s'installer avec leurs familles par des investissements qui essayaient de rendre la vie aussi confortable que dans le reste de la Russie. Dés avant la chute de l'URSS, cette politique a montré des signes d'inefficience et la surpopulation dans la région de Barents était estimée entre 20 à 40% au début des années 1990. C'est pourquoi durant la décennie noire des années 1990, étant considérées comme relativement « surpeuplées », ces régions ont perdu leur régime de faveur, ce qui a entraîné, en liaison avec des restructurations des secteurs métallurgique, minier et de pêche, le départ d'une grande partie de leur population.

Une attention plus importante a été accordée aux problèmes environnementaux dans l'Oblast de Mourmansk notamment avec en premier lieu un traitement de la pollution de l'air aux résidus de nickel à Nikel[53] et Montchegorsk[54] et une

---

[53] La pollution de la mine de nickel de la ville de Nikel qui est très proche de la frontière norvégienne a été reconnue par le Président Dmitri A.

surveillance de la sécurité nucléaire en lien avec les sous-marins nucléaires de la flotte du Nord. Mais, si elles ont connu une histoire assez semblable, Norilsk et Mourmansk évoluent actuellement de façon très différente. Aujourd'hui ces deux villes sont contraintes à se repositionner dans leurs activités et à chercher de nouveaux points forts pour leur développement économique. Norilsk confirme sa spécialisation unique dans l'industrie (très polluante) du nickel. Elle n'est pas sans ignorer que, étant totalement liée à l'extraction de minerai, sa disparition semble liée à l'extinction de cette activité. Mourmansk pour sa part, joue pleinement la carte de la multifonctionnalité et du développement régional, misant sur sa fonction de nœud de transport et éventuellement dans la perspective d'une modification des flux, au développement d'un axe de transit maritime Est-Ouest.

La ville de Norilsk se situe dans l'arrondissement autonome de Taïmyr mais elle est rattachée au territoire de Krasnoïarsk. D'après Pascal Marchand[55], Norilsk s'est dotée d'une identité très particulière, spécifique aux villes du Grand Nord et aux lieux imprégnés de la culture du secret. Ceci était dû au système du Goulag mais continue de se manifester par le fait que l'accès à la ville est très limité pour les étrangers depuis 2001. Norilsk a été très marquée par l'histoire des camps qu'elle a hébergés, notamment avec Norillag dans lequel seraient passées 400 000 personnes dont un quart auraient trouvé la mort. C'était

---

Medvedev qui a conclu lors de sa visite d'Etat à Olso le 27 avril 2010, avec le Premier Ministre norvégien Jens Stoltenberg à la nécessité de réduire cette pollution au dioxyde de Sulfure (SO2) qui était dangereuse pour la santé humaine et l'environnement. « *Nikel-pollution on Medvedev's agenda* », 28 avril 2010, Barents Observer ;

54 LE BOURRHIS Eric, « *La « belle montagne » - La ville de Montchegorsk (oblast de Moumansk)* », publié le 15 avril 2010 dans la revue Regards sur l'Est, disponible en ligne sur http://www.regard-est.com/home/breve_contenu.php?id=1073 (dernière consultation le 17 avril 2010) ;

55 MARCHAND Pascal, « *La Russie et l'Arctique, Enjeux géostratégiques pour une grande puissance* », Courrier des Pays de l'Est, La Documentation Française, mars-avril 2008, p 6 et suivantes ;

l'agglomération la plus peuplée du Grand Nord Sibérien et qui fonctionnait de façon quasiment autonome. Aujourd'hui, elle accueille une population de 134 832 habitants seulement. Alors qu'en 1982, sa population était de 183 000 personnes.

Comme nous l'avons mentionné, la fonte du pergélisol pourrait avoir des effets considérables sur les infrastructures urbaines et industrielles. La rumeur de ce phénomène entretient le dépeuplement qui a été très fort dans les années 1990. Il faut souligner en outre que la qualité de vie à Norilsk est parmi les pires du monde étant donné que la ville est une des agglomérations les plus polluées de la planète. Elle est la première ville de Russie pour le rejet des substances polluantes et l'espérance de vie y serait inférieure de 10 ans à la moyenne russe qui est déjà très basse par rapport aux pays occidentaux. En 2005, l'espérance de vie d'un homme russe était de 58,9 ans contre 77 ans pour un français. Le dépeuplement, comme nous l'avons mentionné, a été très marqué, sous l'effet de l'abandon par l'Etat russe de sa coûteuse politique des avantages monétaires et non-monétaires en faveur des habitants des villes polaires. Les autorités locales ont la volonté de parvenir à un optimum à savoir il s'agit de ne maintenir à Norilsk que la population directement utile à l'économie. La municipalité tente maintenant de régir, on compte par exemple de nombreuses tentatives des autorités municipales pour réhabiliter des îlots de logement.

En 2007, Norilsk Nickel a produit sur place plus de 300 000 tonnes de nickel (96%) de la production russe, 405 000 tonnes de cuivre (55%), 93 tonnes de palladium et 22 tonnes de platine, etc.…Le chemin de fer de Doudinka constitue l'accès principal à Norilsk par voie terrestre et il est doublé par une route praticable au gré des conditions climatiques. Le port s'avère essentiel dans la mesure où la production de base de Norilsk est destinée à l'exportation. Norilsk Nickel est la propriété de Vladimir Potanine et Mikhail Prokhorov depuis 1997, le Présent Directeur Général est Vladimir Strzhalkovsky. Associée au groupe australo-britannique Rio Tinto pour explorer et développer des gisements de minerais non ferreux en Sibérie et en Extrême-Orient russe, Norilsk Nickel va tenter de redémarrer en cette période de fin de crise économique et Vladimir Strzhalkovsky a promis de booster la production au cours des deux prochaines années et également de couper les émissions polluantes. Il faut dire que l'Etat compte investir trois billions de roubles dans la région en 2010[56].

Ce sont les coupes sombres opérées dans les budgets de la marine militaire par Mikhaïl Gorbatchev qui ont laissé les plus grandes traces dans l'histoire récente de ces deux villes. La cause directe est essentiellement la démilitarisation de la presqu'île de Kola, même si actuellement, la marine militaire occupe encore cinq des sept fjords. Le port de pêche n'emploie plus que 1 200 personnes et serait même menacé de fermeture voire de disparition. Si Mourmansk est devenu en tonnage l'un des quatre premiers ports maritimes de Russie en termes de quantité de produits transités, c'est essentiellement grâce aux hydrocarbures. En effet, en 2009 le port a vu transiter à peu près 15 millions de tonnes de biens et a géré plus de 506 navires [57]. C'est le meilleur résultat que le port ait jamais connu. Les secteurs les plus dynamiques sont surtout l'exploitation de nouveaux gisements dans la région puis la création et l'extension de terminaux sur les côtes arctiques, tous voués à augmenter leur tonnage dans les prochaines années. Mourmansk compte aussi deux très bons points. Tout d'abord, son port libre de glace et ensuite, sa situation à proximité de la frontière norvégienne qui ont fait de Mourmansk le pivot principal de l'exportation de pétrole. L'activité de chargement de pétrole est arrivée à Mourmansk dans les années 2000. Il est préconisé de renforcer le rôle de la région dans les réseaux de transport ainsi que celui de son potentiel technologique et scientifique en vue de pouvoir s'affirmer comme pôle de recherche et centre d'appui de l'exportation pétrolière et gazière.

---

[56] Norilsk Nickel says it will boost production, cut emissions , 24 novembre 2009, Barents Observer; disponible en ligne sur http://www.barentsobserver.com/norilsk-nickel-says-it-will-boost-production-cut-emissions.4656688-137846.html (dernière consultation le 17 avril 2010);

[57] All-time high for Mourmansk port, le 11 janvier 2010, disponible sur le site, dernière consultation le 14 janvier, 2010 http://www.barentsobserver.com/all-time-high-for-Mourmansk-port.4683624-116321.html, ;

Depuis la visite du Président Vladimir V. Poutine en 2007, le principal projet d'investissement dans l'agglomération est le doublement des infrastructures d'ici à 2015, ce qui devrait permettre de concrétiser les perspectives d'extraction et d'exportation du pétrole et du gaz de la mer de Barents. Gazprom prévoit la construction d'un gazoduc sous-marin jusqu'à Mourmansk puis jusqu'à la région de Leningrad d'où le gaz serait exporté. Dans ce cadre, Gazprom s'est engagé en 2007 à créer une ville nouvelle à Teriberka, où doit être installée l'usine de Gaz naturel liquide (G.N.L.)[58] alimentée par le gisement de Chtokman en mer de Barents. Cet ensemble concentre ce qu'il y a de plus sophistiqué dans le domaine des technologies offshore. Le projet est de pomper pendant environ cinquante ans les 3 800 milliards de mètres cubes de gaz que contient ce gisement. Des puits seront forés par 350 mètres de fond. Ils seront raccordés à une plate-forme flottante de 300 mètres de long. Le gisement devrait produire chaque jour l'équivalent de 400 000 barils de pétrole acheminés par deux "pipelines" jusqu'à la côte, distante de 550 kilomètres.

Iouri Yevodkimov, ancien Gouverneur Général[59] de Mourmansk, destitué en mars 2009 par le Président Dimitri Medvedev pour avoir critiqué certains agissements du pouvoir Russie Unie, estimait que les ressources procurées par le gaz de Chtokman permettraient d'augmenter le budget de la région de 25%. Et après lui, tous les élus locaux, notamment le maire de Mourmansk, Sergueï A. Subbotin, ont compris tout le profit

---

[58] BEZAT Jean-Michel, « *A Chtokman, le pari titanesque mais fragile de Total sur l'un des plus grands champs gaziers au monde* », 7 avril 2010, Le Monde, disponible à l'adresse http://www.lemonde.fr/cgi-bin/ACHATS/acheter.cgi?offre=ARCHIVES&type_item=ART_ARCH_30J&objet_id=1120036 (dernière consultation le 8 avril 2010) ;

[59] Certaines subdivisions de la Fédération de Russie, les oblasts sont dirigées par un Gouverneur-Général qui est le représentant local du gouvernement, tandis que d'autres subdivisions sont dirigées par des présidents ou des chefs d'administration, suivant souvent leur degré d'autonomie. De 1991 à 2005, ces gouverneurs étaient élus par un vote populaire mais depuis 2005, ils sont nommés par le Président de Russie, nomination confirmée par la législature locale ;

économique et social qu'ils pourront tirer d'un développement de la région essentiellement centré sur les questions d'extraction de minerais et de la pêche. Le projet phare de Chtokman qui est en outre suivi de près au sommet de l'Etat est une chance pour le développement de l'Oblast de Mourmansk, non seulement car il doit générer 63 milliards d'euros de taxes durant l'exploitation de la seule phase 1, mais également car il doit s'accompagner d'importants transferts de technologie en faveur de l'industrie locale. Ainsi Chtokman jouerait le même rôle de vitrine technologique dans le Grand Nord pour la Russie que ne le fait Snøhvit pour la Norvège. Le Gouverneur Général de Mourmansk, Dimitri V. Dmitrienko ajoute même que ce projet *"peut contribuer au renforcement de l'influence de la Russie dans la zone Arctique"*. Ainsi Mourmansk joue la carte de la multifonctionnalité et du développement régional. Elle mise sur une fonction de nœud de transport tout en pariant sur une inversion des flux, ce qui lui permet de changer de point d'appui.

Pour ce qui est du pouvoir politique, force est de constater que le contrôle de Moscou sur cette région ne cesse de se renforcer. En 2005, le Président Vladimir V. Poutine a instauré la nomination des Gouverneurs et non plus leurs élections. En outre, dans son discours pour la nouvelle année 2010, le Président Dimitri A. Medvedev a indiqué que les Gouverneurs ne devaient pas compter faire plus de deux mandats et qu'il souhaitait que la place soit faite pour un personnel politique plus jeune. A la suite de quoi, tous les Gouverneurs de la région de Barents ont été changés au profit d'un nouveau personnel à la botte de Moscou et dont les carrières politiques suivent le plus souvent des débuts de carrière réalisés dans le domaine économique privé. Ceci n'est pas pour surprendre car on sait à quel point les sphères politiques et économiques sont confondues en Russie. Par exemple, début janvier 2010, le Gouverneur de la République des Komis a abandonné son poste après que le Président ait recommandé Viatcheslav Gaïzer pour le remplacer. Les Gouverneurs élus d'Arkhangelsk et de la province autonome des Nenets ont été également remplacés. Dans le cas de Mourmansk, comme nous le mentionnions, en mars 2009, le très populaire Gouverneur Yuri Yevdokimov a été remercié par le Président et remplacé par Dimitri Dmitrienko. Le dernier

Gouverneur élu (en 2002), encore en poste dans la région de Barents, est Sergueï Katanandov, le chef de la République de Carélie. Son poids politique est important car il est le seul Gouverneur dans la région de Barents qui soit sur la liste des cent politiciens les plus puissants de Russie (au 61° rang), d'après le classement de Nezavicimaya Gazeta[60].

Au-delà de la vaste reprise en main du pouvoir opérée par Moscou sur les entités fédérées par le biais de ces nominations, très bien décrite par Jean-Robert Raviot[61] et qualifiée par ce dernier de « Kremlinocentrisme », on peut voir, dans le cas particulier de la région de Barents, la volonté de Moscou de contrôler complètement une région qui se révèle être d'un intérêt économique et stratégique croissant.

Le Spitzberg : cas particulier juridique et terrain de la bonne entente russo-norvégienne

De souveraineté norvégienne depuis le traité de Paris (1920), le Spitzberg[62] (nom de l'Ile principale) est exceptionnel sur le plan juridique car le traité établit un régime international, sous souveraineté norvégienne (voir l'article 1 du traité, ci-dessous).

"The High Contracting Parties undertake to recognise, subject to the stipulations of the present Treaty, the full and absolute sovereignty of Norway over the Archipelago of

---

[60] Voir l'intégralité du classement « *100 ведущих политиков России в апреле 2010 года* » du 30 avril 2010 sur le site de Nezevicimaya Gazeta sur http://www.ng.ru/ideas/2010-04-30/10_top100.html (dernière consultation le 23 mai 2010) ;

[61] RAVIOT Jean-Robert, Qui dirige la Russie, p 28-29, Edition Lignes de Repères, 2007 ;

[62] Il faut souligner que les Russes et le ministère des Affaires Etrangères français nomment l'archipel : le « *Spitzberg* ». Les Norvégiens, en revanche, le nomment : « *Svalbard* » et considèrent que le « *Spitzberg* » ne s'applique qu'à l'île principale ;

Spitsbergen, comprising, with Bear Island or Beeren-Eiland, all the islands situated between 10 ° and 35 ° longitude East of Greenwich and between 74 ° and 81 ° latitude North, especially West Spitsbergen, North-East Land, Barents Island, Edge Island, Wiche Islands, Hope Island or Hopen-Eiland, and Prince Charles Foreland, together with all islands great or small and rocks appertaining thereto"[63].

Aux articles 2 et 3 du traité[64], il est précisé que les Etats parties au traité jouissent de droits de pêche et de chasse égaux et peuvent engager des opérations sur un pied d'égalité absolue dans les domaines maritime, industriel, minier et commercial. Le traité impose des restrictions miliaires très strictes, un principe de non-discrimination entre les nationalités et une protection très forte de l'environnement renforcée par la législation norvégienne. L'article 9 du traité[65], sur la base duquel la Norvège a accepté de ne pas construire de bases navales et de fortifications militaires sur l'archipel ou de l'utiliser à des fins de guerre est une clause de démilitarisation *de jure*. Le seul pays à avoir violé cette clause est l'Allemagne nazie en 1940 qui a envahi le Spitzberg qui servait de point de relais aux russes pour ravitailler les alliés. La Russie n'était pas signataire originel du traité mais elle a reconnu la souveraineté norvégienne dans une note du 16 février 1924 et l'Union soviétique est devenue Partie au traité le 7 mai 1935.

La Norvège est obligée par sa loi nationale de maintenir une présence sur l'archipel, humaine et administrative. La législation norvégienne sur le Spitzberg est très stricte. Il est interdit aux femmes d'accoucher sur l'archipel et il est imposé aux personnes âgées de regagner le continent au moment de leur retraite. Les accès pour les handicapés sont nuls et tous les habitants de l'archipel doivent travailler. S'ils sont au chômage, ils

---

[63] Article 1 du «Traité du Svalbard». Le traité est disponible intégralement en ligne, à l'adresse : http://www.polarnet.cnr.it/dmdocuments/documenti_ufficiali/The_Svalbard_Treaty.pdf (dernière consultation le 23 mai 2010) ;
[64] id idem ;
[65] id idem ;

sont obligés de regagner le continent. Cette législation montre, de la part du gouvernement norvégien la volonté de garder sur l'île une population jeune, active et en bonne santé qui puisse subvenir seule à ses besoins. Dans une contrée aussi lointaine, difficile d'accès et au climat rigoureux, on comprend aisément les restrictions qu'impose l'Etat norvégien.

A la fin des années 1980, il y a eu en Norvège un vaste débat sur le futur de la présence norvégienne dans le Spitzberg, car la compagnie minière Støre Norske Spitsbergen Kulkompani (SNSK) enregistrait des pertes colossales depuis plusieurs décennies. Cette entreprise a été formée en 1916, après le rachat par la Norvège de la compagnie américaine American Arctic Coal Company (AACC). Aujourd'hui la compagnie norvégienne compte 360 employés et exploite surtout deux mines dont la plus grande Sveagruva est située à 60 km au Sud de Longyearbyen. Dans les années 1980, il y avait plus de 3.000 Russes à Barentsburg et Piramiden et si la mine norvégienne avait fermé, il ne serait plus resté que le Gouverneur siégeant à Longyearbyen. La décision fut alors prise de développer de nouvelles activités sur l'archipel, en encourageant notamment le tourisme et en créant un collège arctique («*Arctic College*»), qui permettrait de développer l'éducation supérieure et la recherche en liaison avec les activités scientifiques. Peu à peu, le collège s'est mué en Université (UNIS) et s'est développé au point de devenir l'institution la plus avancée dans l'éducation supérieure et la recherche arctique en Norvège.

Du fait du régime international non-discriminatoire sur l'archipel, en 1930, Staline racheta à la compagnie néerlandaise « Spitsbergern Kompani » pour 2,5 millions de florins hollandais leur concession de Barentsburg -ainsi nommée en l'honneur de leur explorateur pionnier Willem Barents qui avait découvert le Spitzberg en 1596[66]. Et l'URSS racheta également aux Suédois

[66] « *Entre 1594 et 1596, Willem Barents explore les côtes du Spitsberg et de la Nouvelle-Zemble à l'occasion de trois expéditions successives. Il contourne la pointe nord de Severny, hiverne sur la côte nord-est et cartographie sommairement la côte ouest de l'archipel. C'est le premier hivernage polaire réalisé par des Européens. Barents meurt d'épuisement*

leur concession à Piramiden. Ainsi les Russes purent développer deux villes minières russes sur l'archipel. Durant la guerre froide, la population russe dans les deux villes était de 3.000 personnes, alors qu'à la même date, seuls 400 Norvégiens peuplaient la ville-entreprise minière de Longyearbyen. Dans les années 1990, côté russe, le mot d'ordre fut d'abandonner financièrement ces installations trop coûteuses, au même titre que l'essentiel de la présence russe dans le Grand Nord, comme nous l'avons vu. De nombreux Russes de Barentsburg et de Piramiden sont donc rentrés chez eux ou se sont installés dans la capitale administrative du Spitzberg, Longyearbyen, voir sur le continent norvégien. A cette occasion, la ville de Piramiden a été abandonnée et aujourd'hui y vivent moins d'une dizaine de personnes. Barentsburg ne compte pas plus de 400 habitants, dont les trois quarts sont ukrainiens et dont une vingtaine sont des enfants[67]. Elle appartient toujours entièrement à la compagnie minière russe « Arktikugol » et est soumise aux lois norvégiennes. Elle dispose d'un Consul qui est en contact régulier avec le Gouverneur norvégien de l'archipel.

La ville de Barentsburg est très marquée par la période soviétique comme en témoigne la statue de Lénine qui trône toujours sur la place centrale mais également dans son fonctionnement avec, par exemple, le fait qu'il n'y a pas de résidences individuelles et que tous les habitants prennent leurs

---

au retour de sa troisième expédition sur la mer qui portera désormais son nom » : « Brève histoire de la Nouvelle-Zemble d'avant l'ère nucléaire » par Olivier VADERCRUYSSEN, 15 avril 2010, disponible en ligne sur http://www.regard-est.com/home/breve_contenu.php?id=1071 (dernière consultation le 17 avril 2010). Voir la biographie de tous les héros de l'Arctique dont celle de Willem Barents en ligne sur le site russe « Россия в Арктике » http://www.arcticregion.ru/history/heroes (dernière consultation le 17 avril 2010) ;

[67] COSTADAU Fabienne, « Visite de Barentsburg et rencontre avec ses habitants » dans le dossier de Regards sur l'Est "Portrait du Nord de la Russie européenne" publié le 15 avril 2010, disponible en ligne sur http://www.regard-est.com/home/breve_contenu.php?id=1082 (dernière consultation le 17 avril 2010) ;

repas en commun à la cantine. Jusque très récemment, l'essentiel de l'emploi était concentré autour de la mine sauf que celle-ci a fortement réduit son activité et est presque à l'arrêt suite à un incendie en 2005. Aujourd'hui les travailleurs et leurs familles viennent le plus souvent d'Ukraine ou de Moldavie avec un contrat de deux ou trois ans. Durant cette période, ils bénéficient de congés et la plupart rentrent en Ukraine l'été. Ils ne toucheront leur salaire qu'à leur retour définitif au pays. Même si le fait de maintenir une présence russe dans l'archipel coûte très cher à l'Etat fédéral, celui-ci ne semble pas décider à abandonner cette présence, bien au contraire de nouveaux projets de développement économique sont à l'œuvre, notamment dans le secteur touristique.

Depuis les années 1990 et en raison de sa situation géographique particulièrement adaptée, le Spitzberg est devenu le terrain d'un nombre croissant d'activités liées à l'étude du climat ou dans le secteur spatial. Les communautés de recherche spatiale norvégiennes ou internationales, de même que les industries spatiales et de télécommunications étaient depuis longtemps intéressées par le potentiel de cet espace pour en faire une plate-forme de recherche de haute-latitude atmosphérique et pour des projets de satellites commerciaux. Aujourd'hui l'archipel compte plusieurs bases scientifiques internationales.

Malgré leur bonne entente sur le terrain, les Russes et les Norvégiens connaissent à propos du Spitzberg un différend juridique majeur et plusieurs sujets de discorde essentiellement les questions de régime militaire et de protection de l'environnement. Le 7 décembre 1976, le gouvernement norvégien a adopté une loi relativement à la Z.E.E. norvégienne qui s'étend à 200 M.M. autour de ses côtes y compris le Spitzberg et Jan Mayen. En juin 1977, le gouvernement norvégien a établi une zone provisoire, non-discriminatoire de protection de pêche dans la limite des eaux territoriales du Spitzberg jusqu'à 200.M.M de la côte. Le concept de plateau continental n'existant pas au moment de la signature du « Traité du Svalbard », ce n'est qu'en 1963 que le royaume de Norvège a informé la communauté internationale de ses droits souverains sur le plateau continental mais également autour de l'archipel du Spitzberg et de Jan Mayen. L'URSS puis la Russie ont protesté à diverses reprises sur les différentes mesures unilatérales adoptée par la Norvège à propos du Spitzberg.

Outre ces protestations, le différend juridique majeur entre les deux Etats porte sur la question du régime juridique applicable à la Z.E.E. entourant l'archipel du Spitzberg. Ils ne parviennent pas à se mettre d'accord sur le fait de savoir si le régime du traité de Paris s'étend également à la Z.E.E. qui entoure l'archipel. Les Norvégiens considèrent que le «Traité du Svalbard» ne s'applique qu'à l'archipel et à ses eaux territoriales. Au-delà, ce serait la Z.E.E norvégienne. La position norvégienne est d'autant plus difficile à tenir que d'autres Etats Parties au traité tels que la Russie, notamment l'Espagne, l'Islande et le Royaume Uni protestent également contre la position norvégienne. Dans tous les cas, depuis trente ans s'applique, sur la zone maritime autour du Spitzberg, le régime de protection de pêche que nous avons mentionné ci-dessus et le fait que la zone soit considérée être la Z.E.E. norvégienne ou la zone du Spitzberg est sans incidence.

Les garanties norvégiennes sur la nature non-militaire des activités spatiales opérées dans le Spitzberg ne semblent pas avoir réussi à apaiser les craintes russes. Même si la Russie n'a pas protesté formellement contre les activités spatiales au Spitzberg, l'establishment militaire continue d'être très inquiet à propos de l'installation d'un radar civil, qui est perçu en Russie comme pouvant remplir un double rôle, civil et militaire. Officiellement ce radar a une fonction exclusivement civile mais les militaires russes prétendent qu'il pourrait permettre d'étudier et de détecter des missiles Russes inter-continentaux et des missiles balistiques sous-marins dans l'espace arctique. Le fait que les spécialistes russes aient été autorisés à visiter les installations n'a pas mis fin aux accusations russes selon lesquelles la Norvège violerait secrètement la clause de démilitarisation du «Traité du Svalbard».

En outre la Russie est très mécontente de la loi norvégienne de protection de l'environnement du Spitzberg adoptée par le Parlement en 2001[68]. Cette loi représente un important changement administratif au Spitzberg car les activités commerciales vont désormais nécessiter *ex ante* l'approbation du Gouverneur du Spitzberg. Alors que les régulations précédentes n'exigeaient que le fait d'informer le Gouverneur de ces activités. Dorénavant il peut bloquer le développement de certaines activités commerciales sur l'archipel, ce que la Russie considère comme une menace directe de ses intérêts, voir une violation du traité de Paris.

Ces différends sont repris et exagérés par les médias russes. En avril 2003, par exemple, la Pravda listait une série d'inquiétudes à propos de l'archipel du Spitzberg [69], qui ont d'ailleurs souvent été reprises dans les revues et journaux civils et militaires russes depuis la fin des années 1990 et le début des années 2000. L'article prétend que l'acte de protection environnementale du Spitzberg de 2001, visait à obstruer les opérations russes de minage et viserait à contraindre la Russie à quitter l'archipel. Il prétend aussi que la Norvège a violé la clause de démilitarisation contenue dans le «Traité du Svalbard» et que la construction de radar et de stations satellites pourraient servir les Etats-Unis dans le cadre de leur système de missiles de défense.

La politique norvégienne du Spitzberg est prétendue participer à une conspiration de la part de l'OTAN et est perçue comme constituant une menace aux intérêts politiques, économiques militaro-stratégiques dans la partie européenne de l'Arctique. Ainsi les médias russes font office de caisse de résonance pour ces différends russo-norvégiens, quitte à les exagérer considérablement car *in fine* l'entente entre les deux Etats

---

[68] LOVDATA (2001), „*Lov om miljøvern på Svalbard (svalbardmiljøloven)*". Disponible en ligne en norvégien sur http://www.lovdata.no/all/hl-20010615-079.html (dernière consultation le 8 avril 2010);

[69] Dans « *Шпицберген - форпост НАТО под носом России. Куда смотрит Путин?* », notre traduction « Le Spitzberg : poste- avancé de l'OTAN sous le nez de la Russie »de Pavel RIVETOV (2003), Pravda online, 14 avril. Disponible en ligne en russe, à l'adresse : http://www.pravda.ru/?area=articleItem&id=838627 (dernière consultation le 8 avril 2010) ;

sur l'archipel est plutôt bonne. Les protestations russes semblent être plutôt une démonstration destinée à l'audience nationale que la manifestation d'un véritable mécontentement.

La mer de Barents : une zone géopolitiquement particulière

Pour mieux comprendre l'originalité et l'ambiguïté des relations russo-norvégiennes dans la mer de Barents nous analyserons quels y sont les enjeux pour les deux Etats (A) notamment concernant les questions économiques et environnementales (B), et observerons dans quelle mesure les différends qui les opposent peuvent mettre à mal la stabilité régionale (C) ?

A. Enjeux pour les Russes et les Norvégiens dans la partie européenne de l'Arctique

Pour caractériser les enjeux qui concernent les Russes et les Norvégiens dans la mer de Barents, nous observerons les intérêts essentiellement économiques que les deux pays partagent dans la zone, nous montrerons à quel point la question du Grand Nord est avant tout une question de politique nationale, que ce soit en Russie ou en Norvège, nous analyserons ensuite la modification du rapport de la flotte du Nord russe vis-à-vis des industries pétrolières et gazières et soulignerons le poids du pouvoir économique au service du pouvoir politique russe, mais également sa fragilité, à travers une étude de l'entreprise gazière d'Etat : Gazprom. Enfin, nous observerons que l'exploitation des ressources naturelles russes se fera certainement en consortium avec des entreprises étrangères.

Les intérêts économiques russes et norvégiens dans la mer de Barents

Globalement, la plupart des ressources exploitables dans l'Arctique sont localisées dans les zones de souveraineté des Etats côtiers, soit à moins de 200 M.M. de leurs côtes et notamment dans les zones de souveraineté russe. On peut même préciser que la

Russie est le pays le mieux doté pour le gaz, alors que les Etats-Unis le sont pour le pétrole. La Russie disposerait de 90% des ressources gazières de l'Arctique. Celles-ci sont essentiellement situées dans les mers de Barents et Kara. Dans la plupart des cas, la mise en exploitation n'est pas dépendante du règlement global et définitif de la question des zones de souveraineté dans l'Arctique, ainsi il n'y aura pas de « course » aux ressources dans l'Arctique comme l'ont annoncé de nombreux médias occidentaux. La principale raison pour laquelle la zone ne devrait pas être conflictuelle est le fait que seulement 5% des gisements inventoriés se trouveraient hors de la Z.E.E. conquise par les Etats côtiers. Par conséquent, chaque Etat devrait être libre d'exploiter comme il l'entend les ressources contenues dans son propre plateau continental. Ainsi ce sont donc dans les zones maritimes proches des côtes et sur lesquelles les souverainetés étatiques ne sont pas disputées que se concentrent les intérêts des industriels.

La région de la mer de Barents longtemps disputée entre la Norvège et la Russie abriterait dans son sous-sol près de 12 milliards de barils de pétrole et de gaz[70]. Selon Viviane Du Castel *« à mesure que les gisements de la mer du Nord commencent à se vider, la mer de Barents se profile clairement comme la nouvelle grande région productrice d'énergie en Europe. Les réserves de la mer du Nord ne représentent que 25 années d'approvisionnement européen sur la base des niveaux de production actuels»*[71]. L'enjeu est d'autant plus important pour la Norvège que les découvertes qu'elle fait dans sa partie de la mer de Barents sont très décevantes, par rapport à celles opérées sur la partie russe avec notamment la

---

[70] Estimation présentée en décembre 2004 par la compagnie norvégienne Statoil, cité par Centre de documentation de l'école militaire, l'Arctique comme zone stratégique : les évolutions politiques et les enjeux, p 11 ;

[71] Livre vert sur la nécessité de l'approvisionnement en énergie, Commission européenne, 2001, cité par Centre de documentation de l'école militaire, l'Arctique comme zone stratégique : les évolutions politiques et les enjeux, p 18 ;

découverte du gisement géant de gaz de Chtokman qui est considéré comme le plus important du monde[72].

A elles deux, la Russie et la Norvège fournissent près 40% du gaz européen et, avec le développement des gisements de la mer de Barents, leur position de fournisseur gazier européen ne devrait que se renforcer. La question des débouchés est cruciale car le développement des sources non conventionnelles de gaz des schistes aux E.U. laisse penser que les étatsuniens n'auront pas besoin d'importer le gaz russe alors qu'ils constituaient l'un des principaux clients de celui-ci. Grâce à l'utilisation de nouvelles hautes technologies d'extraction, les Russes comptent –s'ils peuvent financer les investissements nécessaires- exploiter les ressources gazières contenues dans la mer de Barents.

Les difficultés d'exploitation du pétrole offshore sont nombreuses, comme en témoignent la prospection et l'exploitation pétrolières lancées en mer de Beaufort et qui se sont rapidement heurtées au problème que constituent la présence prolongée et la dérive de la banquise. Les compagnies pétrolières préfèrent utiliser des « îles de glace » : des plates-formes flottantes ou enracinées qui s'appuient sur la banquise existante mais qui présentent l'inconvénient majeur d'être éphémères et de ne supporter que des tours de forage de dimensions modestes. En mer du Labrador (sud Groenland), les navires et les plates-formes de forage sont menacées par les énormes icebergs descendus du Groenland qui représentent également un danger pour les pipelines sous-marins puisque leur partie immergée racle les fonds marins jusqu'à 300 mètres de profondeur. De manière générale, les surcoûts d'exploitation inhérents aux glaces dérivantes auxquels s'ajoutent les risques de pollution marine contribuent à freiner l'exploitation offshore dans les mers arctiques, notamment en période de baisse marquée du cours du baril. Comme le souligne Frédéric Lasserre[73], après un excès d'enthousiasme de la part des compagnies

---

[72] Centre de documentation de l'école militaire, l'Arctique comme zone stratégique : les évolutions politiques et les enjeux, p 11 ;
[73] LASSERE Frédéric, « *Arctique : la guerre des détroits n'aura pas lieu* » dans Alternatives internationales, Hors série n°7, décembre 2009 ;

pétrolières par rapport aux réserves exploitables dans la région arctique, celles-ci font savoir que les gisements découverts sont très difficiles à exploiter et qu'ils contiennent en outre beaucoup moins de gaz ou de pétrole que prévu.

L'URSS a commencé des prospectives sismiques dans les années 1970. Dans les années 1980, de nombreuses explorations sont lancées, elles ont révélé la présence de champs gaziers super-géants dans la partie russe du Nord-ouest de la mer de Barents. Alors qu'au Sud-est dans la mer de Petchora, ce sont des champs pétroliers de plus petit taille qui ont été découverts. Dans les années 1990, les explorations se sont presque interrompues en raison du tarissement des financements. Arild Moe[74] rappelle que, pour le moment, seulement 60 puits ont été forés alors que le potentiel est bien supérieur. Dans les 11 champs exploitables qui ont été découverts dans la mer de Barents, 4 sont des champs pétroliers, 1 est un champ de pétrole et condensé, 3 sont des champs de gaz et condensé et 3 sont des champs gaziers[75]. D'après les estimations russes, il y aurait 3.700 million de tonnes d'équivalent pétrole de ressources exploitables dans les structures qui ont déjà été étudiées en détails[76]. Le gaz naturel est prédominant mais il y a aussi du pétrole. Bien qu'Arild Moe[77] rappelle que planent quelques doutes sur la fiabilité des estimations russes, il est certain que le potentiel de la région est considérable.

Même si la Russie a les yeux fixés sur les ressources énergétiques offshores de l'Arctique européen depuis plusieurs années, pour le moment aucun forage, ni mise en exploitation non été réalisés. Arild Moe[78] analyse que les politiques du

---

[74] MOE Arild, "*Russian and Norwegian petroleum strategies in the Barents Sea*", 22 mai 2010;

[75] « *Mineral'nye resursy rossiyskogo shel'fa'',* Mineral'nye resursy Rossii-Ekonomika i upravalenie, Special edition, 2006, p 16 ;

[76] Ib idem, p 18 ;

[77] MOE Arild, "*Russian and Norwegian petroleum strategies in the Barents Sea*", 22 mai 2010;

[78] MOE Arild, Directeur Adjoint du Fridjof Nansen Institute (Lysaker, Oslo) ; Discours à la conférence de l'IFRI sur *« Les Enjeux stratégiques du Grand Nord »,* 3 juin 2010;

gouvernement et des principaux groupes gaziers concernés ne sont pas convergentes et que l'instabilité des cadres légal et fiscal ne crée pas un environnement favorable à l'exploitation des ressources. Pour le moment, seules quatre entreprises ont des explorations en cours dans la mer de Barents malgré la tenue de deux rounds d'attribution des licences en 2001 et 2006. Il y a plusieurs raisons qui peuvent expliquer cette lenteur. Tout d'abord, l'industrie du pétrole bénéficie déjà de très nombreuses options on shore et qu'elle n'a pas fait pression pour développer des programmes vigoureux offshore. Ensuite, les intérêts des militaires ont certainement joué un rôle de frein. Enfin, il y a le contexte économique mondial de la crise qui a entraîné la baisse des cours mondiaux du gaz. Cela a occasionné des retards dans les rares activités en cours. Par exemple, le début des investissements dans le champ gazier de Chtokman a été repoussé jusqu'en 2013 et 2014 pour le gaz liquéfié. Au cours de l'hiver 2010, la situation économique et l'état des négociations russo-norvégiennes étaient si dégradées qu'il était même question d'abandonner totalement le projet. Cette possibilité n'est plus à l'ordre jour comme l'a assuré le premier ministre russe, Vladimir V. Poutine, le 19 avril dernier, au cours d'un entretien avec le Gouverneur de Mourmansk, Dimitri Dmitrienko[79]. Les négociations sont toutefois très difficiles et le contexte de la crise économique rend les perspectives encore plus incertaines. La crise économique y est pour beaucoup étant donné qu'en 2009, les investissements prévus pour s'élever à 920 billions de roubles n'ont été que de 761,5 billions. Les investissements pour 2010 sont prévus à 802 billions, mais il est fort probable que ce chiffre ne sera pas atteint. Malgré ces difficultés dans la phase de mise en oeuvre, le projet reste prometteur et il se réalisera sans doute une fois que la situation économique globale sera meilleure.

---

[79] "*Кстати говоря, никто не отменял реализацию этого проекта* » a déclaré le premier ministre. Entretien disponible en intégralité en russe, sur http://premier.gov.ru/events/news/10270/ (dernière consultation le 3 mai 2010 ;

Le Grand Nord : une question de politique nationale avant tout

La manière dont la Russie et la Norvège abordent le grand Nord est très différente car elle est déterminée par leurs configurations territoriales et leurs ambitions géopolitiques propres. Si les deux Etats connaissent tous deux la contrainte de la nordicité, la Russie est un territoire bien plus vaste et divers que ne l'est la Norvège, ce qui influence aussi le caractère de ses ambitions. Sur le plan géopolitique, l'Arctique européen est pour la Russie un élément au sein d'une politique beaucoup plus vaste, alors que c'est pour la Norvège, l'essentiel de ses intérêts. Aussi, la question de la partie européenne de l'Arctique est traitée de façon très marginale dans les médias russes, alors qu'en Norvège, elle représente autant dans les sphères médiatiques que politiques, un objet central de préoccupation.

Coté norvégien

La configuration du territoire norvégien en lui-même oblige cet Etat à adopter certaines stratégies géopolitiques particulières. La large exposition maritime de la Norvège et la faible profondeur de ses terres, l'obligent à une politique de défense particulièrement vigilante et à la conclusion d'alliances avec d'autres puissances maritimes pour survivre. Si l'alliance était nouée avec un partenaire terrestre, la Norvège risquerait l'absorption. En outre, elle est obligée d'adopter une politique très active dans le domaine des transports multimodaux. De plus, sa situation septentrionale l'oblige à adopter une politique économique très active pour maintenir sur l'ensemble du territoire une présence humaine dans des zones qui sont difficilement habitables.

La question du grand Nord est très débattue en Norvège même si l'enthousiasme est un peu retombé par rapport à ce qu'il était en 2005, au moment de l'arrivée au pouvoir d'une nouvelle coalition rouge-vert sous la direction de Jens Stoltenberg qui avait pointé le grand Nord comme la plus importante aire stratégique pour la Norvège dans les années à venir. A l'époque déjà, les diverses politiques lancées par la Norvège à propos du grand Nord n'étaient pas nouvelles, c'était plutôt leur « emballage » qui était différent[80]. Le gouvernement s'est toujours préoccupé de ces espaces nordiques et les a toujours inclus dans ses grandes stratégies nationales de développement.

Dans les années 1990, les régions du Nord étaient mentionnées sous le terme « *Nordområdene* » (les aires du Nord) puis dès 2005, on leur a préféré le titre de « *Grand Nord* » (« *High North* ») qui paraissait plus dynamique et plus flatteur[81]. Dans la « *Stratégie du gouvernement norvégien pour le développement du grand Nord* » publiée en juin 2006, le gouvernement norvégien a adopté une définition large du « *Grand Nord* » qui considère des éléments géographiques et politiques[82]. Le 12 Mars 2009, une nouvelle stratégie pour le grand Nord a été publiée, intitulée « *New Building Blocks in the North* », elle marque le dernier volet en date de la stratégie gouvernementale pour le Grand Nord[83]. En effet, à

---

[80] Entretien avec Indra OVERLAND, réalisé à Oslo, au NUPI, le 27 février 2010, par F. Costadau ;

[81] SWAHILL Steve G., "*Defining the North in Norwegian Politics*", Ocean Future, Oslo 2008;

[82] "*In geographical terms, it covers the sea and land, including islands and archipelagos, stretching northwards from the southern boundary of Nordland county in Norway and eastwards from the Greenland Sea to the Barents Sea and the Petchorskoïe Sea. In political terms, it includes the administrative entities in Norway, Sweden, Finland and Russia that are part of the Barents Cooperation. Furthermore, Norway's High North policy overlaps with the Nordic cooperation, our relations with the US and Canada through the Arctic Council, and our relations with the EU through the Northern Dimension* ». Extrait de la « stratégie du gouvernement norvégien pour le développement du Grand Nord », disponible en anglais sur http://www.regjeringen.no/upload/UD/Vedlegg/strategien.pdf p 13, (dernière consultation le 27 mars 2010) et en français sur http://www.regjeringen.no/upload/ud/vedlegg/strategifr.pdf p 13 (dernière consultation le 27 mars 2010) ;

[83] « *New Building Blocks in the North, The next step in the Government's High Nort Strategy* » disponible en ligne en anglais sur

l'échelle nationale, s'intéresser aux régions du Nord participe à une stratégie d'aménagement du territoire et de mise en valeur de régions qui se sentent souvent oubliées et marginalisées par la capitale. La possibilité d'exploitation de nombreux gisements en hydrocarbures et en gaz dans la mer de Barents a laissé entrevoir une possibilité d'enrichissement rapide de ces régions nordiques et les attentes y sont très fortes. Toutefois la plupart des gisements avérés à ce jour, sont situés dans les zones de souveraineté russe et la Norvège n'en bénéficierait que, dans le cas où comme pour le gisement gazier de Chtokman, elle serait invitée à participer à un consortium pour les exploiter. Ainsi, dans ces grands débats nationaux norvégiens sans jamais être mentionnée, la Russie est omniprésente car l'essentiel des nouveaux enjeux y sont liés. Indéniablement les dimensions nationales et internationales de la question du grand Nord sont inextricablement liées.

La vision norvégienne pour le grand Nord est de voir se développer la mer de Barents comme une « *mer de coopération* », un projet pacifique incluant la coopération et la conciliation des intérêts russes et norvégiens d'après les mots mêmes du Ministre des Affaires étrangères Jonas Gahr Støre prononcés en 2005[84]. Vladimir V. Poutine, alors qu'il était encore Président de la Fédération de Russie, avait suggéré que la Norvège et la Russie forment un partenariat stratégique. Une suggestion qui, comme le rappelle Havard Figenschou Raaven, a été bien accueillie de la part du gouvernement norvégien et incorporé comme l'un des piliers principaux de la nouvelle politique pour le grand Nord. Cette volonté norvégienne de nouer des relations plus fortes avec la Russie vient, pourtant, à un moment de tensions croissantes entre la

---

http://www.regjeringen.no/upload/UD/Vedlegg/Nordområdene/new_building_blocks_in_the_north.pdf (dernière consultation le 27 mars 2010;

[84] Discours de Jonas Gahr STØRE, Ministre des Affaires étrangères norvégien, prononcé à l'Université de Tromso le 10 Novembre 2005, intitulé « *A sea of opportunities –A sound policy for the High North* », disponible en ligne sur http://www.regjeringen.no/nn/dep/ud/Aktuelt/Taler-og-artiklar/utenriksministeren/2005/a-sea-of-opportunities---a-sound-policy-.html?id=420710 (dernière consultation le 27 mars 2010) ;

Russie et l'Occident. La politique norvégienne dans le grand Nord a plusieurs objectifs, elle vise à asseoir la souveraineté norvégienne dans la région, à empêcher une bilatéralisation des relations russo-norvégiennes au profit de coopérations incluant les deux autres voisins scandinaves ou plus larges, à s'assurer d'une application efficace et effective du régime de la convention de Montego Bay, à faciliter l'accès des entreprises norvégiennes aux ressources gazières et pétrolières russes et à ouvrir les zones disputées pour des activités d'extraction du gaz et du pétrole. Sur la question de l'énergie pétrolière, la Russie et la Norvège ont des positions convergentes et les deux pays ont un intérêt commun à maintenir des prix élevés du gaz et à éviter un sur-approvisionnement du marché européen de l'énergie[85].

La volonté d'affirmation de la souveraineté norvégienne dans la zone est très forte. En 2006, le Premier Ministre norvégien Jens Stoltenberg[86] déclarait que toute présence norvégienne dans la région était bienvenue, que ce soit par des vaisseaux de pêche, des vaisseaux de recherche ou des activités pétrolières, car cela renforçait la souveraineté norvégienne. Ainsi toute personne qui engageait des activités commerciales dans le Grand Nord œuvrait à renforcer la souveraineté norvégienne dans la région. Ceci a été confirmé par les propos du Ministre des Affaires étrangères Jonas Gahr Støre[87] qui déclarait en 2007 qu'il y avait des signes clés de

---

[85] AUSTVIK, Ole Gunnar, « *Oil and Gas in the High North – A Perspective from Norway* ». The Norwegian Atlantic Committee's Security Policy Library, n°4, disponible en anglais sur http://www.kaldor.no/energy/berlin20060315-barents.html (dernière consulation le 27 mars 2010);

[86] STOLTENBERG, Jens (2006) „*Den Støre Satsingen*" dans „*Kronikk i Nordlys*" le 8 avril 2006, disponible en ligne en norvégien sur http://www.regjeringen.no/nb/dep/smk/aktuelt/taler_og_artikler/statsministeren/statsminister_jens_stoltenberg/2006/den-Støre-satsingen.html?id=113672 (dernière consultation le 27 mars 2010) ;

[87] STØRE, Jonas Gahr, "*Norway – A Cooperation Partner in the High North*" à MGU (Moscow State University), Moscow, 17 February 2006, disponible en ligne en anglais sur http://www.regjeringen.no/nb/dep/ud/aktuelt/taler_artikler/utenriksminist

ce que faisait la Norvège dans le grand Nord : la présence, l'activité et la connaissance.

Il est à noter un fait important ces dernières années, c'est l'évolution de la position suédoise. La Suède qui a toujours entretenu des relations tumultueuses avec la Russie a raidi sa position et est sortie de sa neutralité. La doctrine de défense suédoise a changé et en 2007, un document du gouvernement suédois indiquait que « *la Suède ne resterait pas passive si un désastre ou une attaque devait toucher un autre membre [de l'Union Européenne] ou pays scandinave* »[88]. Le Ministre des Affaires étrangères Bildt[89] a réaffirmé sa position au cours de l'une de ses visites en Norvège. Et le chef suédois de la défense a déclaré qu'une « *menace contre l'un des pays scandinave était en réalité une menace contre tous les pays scandinaves* »[90]. Le chercheur norvégien, Pernille Rieker prétend que la coopération scandinave croissante sur les questions de défense est un signe que l'appartenance de la Norvège à l'OTAN n'est plus adéquate pour servir tous les intérêts de la Norvège et qu'elle fait mieux d'avoir plusieurs options d'alliances.

---

eren/2006/norway--a-cooperation-partner-in-the-hig.html?id=420790 (dernière consultation le 27 mars 2010);

[88] Notre traduction de DS 2007/11« *Säkerhet i samverkan – Försvarsberedningens omvärldsanalys*", p 46, disponible en ligne en suédois sur http://www.regeringen.se/content/1/c6/09/35/89/61dcc195.pdf (dernière consultation le 27 mars 2010), rapporté par Havard Figenschou Raaven dans "*Hydrocarbons and jurisdictional disputes in the High North. Explaining the rational of Norway's High North policy*", 2008, FNI;

[89] SKJAEVESLAND, Odd Inde, « *Svensker kan forsvare Norge* », Aftenposten, 6 décembre 2007, disponible en ligne en suédois sur http://www.aftenposten.no/nyheter/uriks/article2138269.ece (dernière consultation le 27 mars 2010);

[90] Polyteknisk Forening (2008), « *Et forsvar for fremtiden: Hvilke muligheter skaper et nordisk samarbeid?* », séminaire at Polyteknisk Forening, le 22 avril 2008, disponible en ligne en suédois sur http://www.polyteknisk.no/Referater-videoer/Et-forsvar-for-fremtiden-Hvilke-muligheter-skaper-et-nordisk-samarbeid (dernière consultation le 27 mars 2010) ;

L'attention croissante apportée aux questions de sécurité dans le grand Nord vient à un moment où la zone semble attirer peu l'attention des alliés traditionnels de la Norvège, notamment l'OTAN qui est focalisé sur l'Afghanistan. De même pour l'U.E. qui depuis ses plus récents élargissements a déplacé son centre de gravité à l'Est de l'Europe et ainsi son attention est encore moins dirigée vers le Nord qu'elle ne l'était auparavant[91]. N'étant pas membre de l'U.E., la Norvège ne peut pas compter sur son soutien dans ses négociations bilatérales avec la Russie[92].

Pour autant la coopération de la Norvège avec l'U.E. est considérable. Elle s'est alignée sur l'U.E. concernant la Politique Etrangère de Sécurité Commune (PESC) et la Politique Européenne de Sécurité et de Défense (PESD). La Norvège participe à des opérations de gestion de crises civiles et militaires de l'U.E. dans l'Agence de défense européenne (EDA) et elle fournit 150 soldats dans le Groupe de bataille nordique (« *Nordic Battlegroup* »). Ce groupe est l'un des 18 groupes de bataille de l'U.E., il est composé par la Suède, la Finlande, la Norvège, l'Irlande et l'Estonie et comporte 2.200 soldats [dont les officiers]. La Norvège a aussi multiplié ses tentatives pour attirer l'attention des Etats-Unis qui disent soutenir la politique norvégienne dans le grand Nord mais, de facto, sont très accaparés par d'autres dossiers plus stratégiques.

Ainsi, précisait Anita Utseth, la Secrétaire d'Etat norvégienne au Ministère du pétrole, pour se faire entendre, la Norvège insiste beaucoup sur les craintes européennes à propos de l'approvisionnement énergétique en se positionnant elle-même

---

91 RIEKER, Pernille, « *L'UE, la Norvège et la région septentrionale* ». Présentation au séminaire : la mer de Barents : problématique géopolitique et de sécurité, Institut des relations internationales, Paris 24 novembre 2005, disponible en ligne sur http://www.ifri.org/files/Rieker2fr.pdf (dernière consultation le 27 mars 2010) ;

92 NEUMANN Iver B., « Norge og alliansene-gamle tradisjoner, nytt spollerom », 2008, p50, disponible sur www.nupi.no/content/download/4032/59139/version/2/file/Norge+og+alliansene.pdf (dernière consultation le 27 mars 2010);

comme un fournisseur fiable d'énergie pour l'Union Européenne[93]. L'argument est d'autant plus porteur que les crises russo-ukrainiennes ont choqué les opinions publiques européennes. Le Ministre des Affaires étrangères Jonas Gahr Støre déclarait dans un discours prononcé à Berlin en 2007, qu'en 2012, la Norvège fournirait autant de gaz à l'U.E. que la Russie[94]. Il ajoutait que si personne n'écrivait d'article dans la presse européenne à ce propos, c'était parce qu'il n'y avait aucune inquiétude sur la légitimité et la fiabilité de la Norvège à être le fournisseur de gaz européen principal.

Un autre aspect de la politique norvégienne dans le Grand Nord concerne la présence militaire dans le Nord. A la suite de la décision de l'OTAN de fermer en 2008, le « CAOC 3 » (Combines Air Operations Center) à Bodø, le gouvernement norvégien a déplacé son Etat major de commandement opérationnel à Bodø. D'après la ministre norvégienne de la défense Anne Grete Strøm-Erichsen, ce déplacement est dans la ligne du focus croissant du gouvernement norvégien pour les régions nordiques[95]. Le gouvernement a également décidé de continuer à utiliser les nouveaux torpilleurs qu'il avait été proposé de vendre pour réduire

---

[93] UTSETH Anita, « *Reliable, long-term gas supply from Norway* », Discours prononcé le 16 mai 2007 à la conférence européenne du gaz à Oslo, disponible en ligne en anglais sur http://www.regjeringen.no/nb/dep/oed/aktuelt/taler_artikler/politisk_ledelse/anita_utseth/2007/reliable-long-term-gas-supply-from-norwa.html?id=467846 (dernière consultation le 27 mars 2010).

[94] STØRE, Jonas Gahr, « *The High North : New Challenges for Europe* », discours prononcé à l'Université de la Humboldt à Berlin le 16 octobre 2007, disponible en anglais sur http://www.regjeringen.no/nb/dep/ud/aktuelt/taler_artikler/utenriksministeren/2007/challenges_for_europe.html?id=496111 (dernière consultation le 27 mars 2010) ;

[95] Discours de la Ministre de la Défense Anne Grete STROM-ERICHSEN, « *Arctic challenges-the fine art of dealing with change* », le 25 septembre 2007, disponible en ligne en anglais sur http://www.regjeringen.no/nb/dep/fd/aktuelt/taler_artikler/ministeren/forsvarsminister-stroem-erichsen/2007/arctic-challenges---the-fine-art-of-deal.html?id=481659 (dernière consultation le 27 mars 2010) ;

les coûts. Cette décision vise à pouvoir montrer le pavillon norvégien dans les aires maritimes du Grand Nord. Le gouvernement a doté la marine de nouveaux bateaux frégates pour opérer dans le Grand Nord. Jan Erik Finseth écrivait dans un article en 2006 que les navires de la marine devaient être présents pour montrer le drapeau car cela démontrait la capacité et la volonté norvégienne de maintenir ses intérêts nationaux[96]. Il ajoutait que la présence continue de navires de la marine dans le Grand Nord va permettre d'éviter l'établissement d'un vide sécuritaire et que d'autres Etats remplissent ce vide.

Toutefois la décision de fermer la base navale d'Olavsvern à Tromsø envoie un signal complètement différent en ce qui concerne la présence militaire dans le Nord. Havard Figenschou Raaven[97] rapporte que dans un rapport gouvernemental classé, le chef norvégien de la défense avait écrit que le but affiché d'augmenter la présence militaire dans le grand Nord n'avait pas été possible à réaliser et qu'autant les gardes-côtes que la marine avaient expérimenté une présence réduite dans le grand Nord comparé à 2008. Espen Barth Eide, Secrétaire d'Etat au Ministère norvégien de la défense a défini en 2008, la stratégie norvégienne dans le grand Nord en vigueur à l'époque, comme le choix de rester aussi près de l'U.E. que possible et de continuer l'initiative allemande et la coopération de défense nordique[98].

---

96 FINSETH, Jan Eirik, « *Stjøforsvarets oppgraver i nord* », Aftenposten, le 7 juillet 2006, disponible en ligne en norvégien sur http://www.aftenposten.no/meninger/kronikker/article1459462.ece (dernière consultation le 27 mars 2010) ;

97 RAAVEN Havard Figenschou, "*Hydrocarbons and jurisdictional disputes in the High North. Explaining the rational of Norway's High North policy*", 2008, FNI, disponible en ligne en anglais sur http://www.fni.no/doc&pdf/FNI-R1108.pdf (dernière consultation le 27 mars 2010);

98 EIDE Espen Barth, « *Nordomradene i et geopolitisk perspektiv* ». Discours prononcé au cours de la Haugesund Conference, le 7 février 2006 et disponible en ligne en norvégien sur http://www.regjeringen.no/nb/dep/fd/aktuelt/taler_artikler/politisk_ledelse/statssekretaer_espen_barth_eide/2006/nordomradene-i-et-geopolitisk-perspektiv.html?id=113469 (dernière consultation le 27 mars 2010) ;

Côté russe

En Russie également, le discours dur qu'a adopté l'équipe de Vladimir V. Poutine vis-à-vis de ses voisins dans l'Arctique est lié non seulement à la rhétorique de l'équipe présidentielle qui est tournée sur une logique de rapport de force avec l'Occident, mais également destiné à son audience nationale, à laquelle le gouvernement cherche à redonner fierté et confiance en son pays. La Russie souhaite reprendre du terrain et à défaut d'agir comme un Empire, car celui-ci lui fait toujours défaut comme un « membre fantôme », elle cherche à être respectée comme une grande puissance. Comme le rappelle, Alexandre Melnik[99], la Russie fait preuve d'une soif de vengeance et de reconstitution de sa puissance passée[100] qui est essentiellement due au fait que « *le système Poutine a mal digéré les réalités post-soviétiques* ». La conjoncture économique plutôt favorable du début des années 2000 lui avait donné « *les moyens de cette enivrante jouissance de sa vindicte* » ajoute-t-il. Il en est un peu autrement aujourd'hui à cause de l'effet déstabilisateur que la crise économique a eu sur le pays qui a été l'un des plus touchés. Les nouvelles ambitions de la Russie dans le grand Nord sont essentiellement liées à sa politique et à son audience nationale.

Au cinquième point de la « *Stratégie de sécurité nationale de la Fédération de Russie jusqu'en 2020* », l'ancien Président Vladimir V. Poutine mentionne les enjeux de l'Arctique. La région y est décrite comme une région d'affrontement possible pour les ressources naturelles et c'est un point particulièrement important. C'est la première fois que les Russes font explicitement référence à leurs ambitions dans l'Arctique dans un de leurs documents officiels de doctrine de sécurité. D'ailleurs, l'importance de la

---

[99] MELNIK Alexandre, « *Russie versus Occident* », revue « Passages », juin 2009, p 55-62 ;

[100] GERE François, Colloque CID-ENA-HEC sur « Quelle compétitivité stratégique pour la France au XXI°siècle, le 26 mai 2010 à l'école militaire à Paris ;

région Arctique et la nécessité de la défendre pour les intérêts russes sont évoqués plusieurs fois dans la stratégie. En mars 2009, le Conseil de sécurité russe a publié sur Internet un autre document stratégique intitulé : *« Les clés de la politique de l'Etat russe dans l'Arctique jusqu'en 2020 et au-delà »*. Ce document expose brièvement la stratégie russe dans la région et affirme que le développement des réserves d'énergie avant 2020 est un objectif national vital. Il envisage aussi le déploiement de militaires et de gardes aux frontières et sur les côtes dans l'Arctique « *pour garantir la sécurité militaire russe dans certaines circonstances politiques et militaires* ».

Moscou est en train d'organiser une structure spéciale militarisée : le Groupe Armé de l'Arctique, pour défendre ses intérêts dans la région. Selon le Conseil de Sécurité, « *cela ne signifie pas que nous sommes en train de militariser l'Arctique. Nous sommes concentrés sur la création d'un système efficace de sécurité côtière, le développement d'équipements pour les frontières arctiques et la mise en place d'une force militaire suffisante* ». Il a été signalé que la nouvelle structure serait placée sous la juridiction du F.S.B. Ce dernier dispositif est déjà entré en vigueur et, *de facto*, le contrôle opéré par le F.S.B. s'est fait plus pressant. Eric Brossier, navigateur scientifique français témoigne de la grande surveillance qu'il a ressenti de la part des russes par le biais du F.S.B., alors qu'il voyageait sur son voilier d'expédition, « le Vagabond » et effectuait la traversée du passage du nord-est à l'été 2009. Il raconte qu'il devait informer les agents du F.S.B. de sa position deux fois par jour et que ni lui, ni les membres de son équipage n'étaient autorisés à mettre pied à terre et à se promener librement sur les terres russes. Boris Chichlo dans « *l'Ethnographie en « zone interdite » »*[101] témoigne également des difficultés administratives pour un chercheur de se déplacer librement dans les espaces du grand Nord russe pour mener ses enquêtes. Il écrit *« depuis le 31 mars 2000, la Tchoukotka est redevenue, comme à l'époque soviétique, « une zone interdite ».*

---

[101] CHICHLO Boris, « *l'Ethnographie en zone interdite* », La revue pour l'histoire du CNRS, n°20, Printemps 2008 ;

Désormais pour s'y rendre, les étrangers aussi bien que les citoyens de Russie doivent à nouveau recevoir l'autorisation du F.S.B. ». Ainsi en Russie autant qu'en Norvège, la question du Grand Nord est avant tout une question nationale mais qui est intimement liée aux problématiques internationales.

Modifications des rapports entre la flotte russe du Nord et les industries nationales pétrolières et gazières

Alors que dans les années de la guerre froide, la flotte russe du Nord était un acteur déterminant dans la région euro-arctique, aujourd'hui ce sont davantage les compagnies gazières et pétrolières telles Gazprom ou Rosneft, associées toutes deux à l'Etat russe qui influencent la géopolitique régionale. Il est intéressant dans cette optique de se demander à quel point les intérêts de l'industrie pétrolière et gazière et des forces armées se rencontrent. Les militaires russes semblent avoir réalisé qu'il leur serait impossible de survivre en se positionnant seulement sur le créneau de la défense et que la situation appelait nécessairement l'instauration d'un partenariat entre la flotte militaire et l'industrie pétrolière et gazière.

Formellement la flotte soviétique a été établie dans les mers du Nord en 1933, elle a été renommée la flotte du Nord en 1937. La flotte a joué un très grand rôle au cours de la deuxième guerre mondiale en escortant les convois maritimes d'approvisionnement des alliés de l'URSS qui utilisaient le Spitzberg comme étape. Après la guerre, les capacités de la flotte ont augmenté considérablement, notamment le nombre de sous-marins nucléaires qui ont une supériorité stratégique considérable sur les sous-marins au diesel. Les deux tiers des sous-marins nucléaires soviétiques étaient basés dans la flotte du Nord et entre 1950-1970, la flotte du Nord qui était la plus petite a surpassé les cinq autres flottes soviétiques en termes de taille et d'importance.

Et cela pourrait rester le cas car la politique russe actuelle est de réduire la flotte du Pacifique.

En février 2007, le précédent Ministre russe de la Défense a annoncé que les forces armées russes allaient se lancer dans un programme de réarmement et de modernisation. Un quart des budgets devait être attribués à la marine[102]. Une nouvelle classe de sous-marins nucléaires, le projet 955 ou « *Boreï* » *(Борей)* devait être fournie. Le premier des nouveaux sous-marins à avoir été mis en service est le « *Yuri Dolgorouky* » lancé le 13 février 2008. Deux autres, le « *Alexandre Nevski* » et « *Vladimir Monomak* » devraient être lancés en 2010. Ils devraient joindre la flotte du Nord. Un quatrième est en cours de construction à *Sevmash* (Severodvinsk), le « *Svyatitel Nikolaï*» et il est estimé qu'une force totale de six à huit vaisseaux va être constituée[103]. Le *Boreï* SSBN pèse 19.400 tonnes et est désigné pour porter 16 missiles Boulava-M SLBMS, et des missiles d'une portée de 9.400 km[104]. Mais de nombreuses difficultés ont été rencontrées lors des tests de ces nouveaux missiles Boulava, ce qui rend incertaine la date de finalisation du projet. En outre, une seconde génération de sous-marins nucléaires d'attaque « *Yasen* » *(ясень)* est en train d'être construite à *Sevmash*. Le premier de ceux-ci le « *Severodvinsk* », lancé le 7 mai 2010[105], devrait être mise en service dans le courant de l'année 2010[106]. Toutefois les contraintes budgétaires et le

---

[102] Russian Federation, *Jane's World Navies,* 28 August 2009;

[103] Tim Fish, "*Russia confirms launch date for second Yasen-class SSN*" Jane's Navy International, 30 June 2009 ; Tim Fish, "*Bulava SLBM fails six out of 11 flight-tests*" Jane's Navy International, 17 July 2009 ; Tim Fish, "*Russia to start construction of fourth Borey SSBN*", Jane's Navy International, 9 April 2009 ;

[104] The Military Balance 2009, *International Institute for Strategic Studies* (2009: Routledge, London), P. 207;

[105] "*On May 7 new generation nuclear submarine Severodvinsk Mk 885 will be launched*" 16 mars 2010, disponible en ligne sur: http://www.rpg7.org/eng/ships/3-on-may-7-new-generation-nuclear-submarine-severodvinsk-mk-885-will-be-launched.html (dernière consultation le 26 mai 2010);

[106] Tim Fish, "*IMDS 2009: Russia confirms launch date for second Yasen-class SSN*" Jane's Navy International, 30 June 2009;

manque de personnels capables pourraient causer des retards et annulations[107].

L'objectif premier de cette flotte est de défendre la Russie dans la zone du Nord-Ouest. Même si le nombre de navires opérationnels ne cesse de diminuer, dans son ensemble, la flotte russe s'est déployée plus largement ces dernières années. L'un des plus longs déploiements depuis la fin de la guerre froide, s'est produit en février 2008 et a duré 2 mois au cours desquels la flotte a séjourné un moment en Méditerranée[108].

La construction d'installations offshore dans la mer de Barents et l'augmentation du trafic maritime de la péninsule de Kola pourraient à terme réduire la liberté de mouvement de la flotte russe du Nord. Toutefois, cela ne devrait pas poser trop de problème étant donné que le volume de celle-ci s'est beaucoup réduit depuis la fin de la guerre froide malgré la relance ordonnée par Vladimir V. Poutine. Ainsi il semblerait, comme le souligne le chercheur norvégien Kristian Atland[109], que les militaires voient arriver « l'âge du pétrole » comme une opportunité plutôt qu'une menace[110]. La protection des infrastructures industrielles et des intérêts économiques de la Russie dans la région euro-arctique pourrait devenir le nouveau mandat de la flotte, en plus de sa fonction traditionnelle de dissuasion nucléaire et alors ses financements seraient assurés. Ceux-ci restent précaires et les

---

[107] Reuben F. Johnson, "*Russian Navy facing 'irreversible collapse*" *Jane's Defence Weekly,* 10 July 2009;

[108] The Military Balance 2009, *International Institute for Strategic Studies* (2009: Routledge, London), P. 207. Cité dans "*Russia: Northern Fleet*", février 2010, Nuclear Threat Initiative, disponible en ligne en anglais sur http://www.nti.org/db/nisprofs/russia/naval/nucflt/norflt/norflovr.htm (dernière consultation le 26 mai 2010) ;

[109] ATLAND Kristian, "*Russia, the Barents Sea, and the Arctic: From Cold War to Petroleum Bonanza?*" in Bertil Nygren, Bo Huldt, Patrik Ahlgren, Pekka Svionen & Susanna Huldt (eds.) : "*Russia on Our Minds: Russian Security Policy and Northern Europe*", Strategic Yearbook 2008-2009. Stockholm: National Defence University 2010, pp. 111-132;

[110] ATLAND Kristian "*Russia's Northern Fleet and the Oil Industry – Rivals or Partners*?" Armed Forces & Society, Vol. 35, No. 2, (2009);

principaux intéressés craignent de subir à nouveau ce qui s'est passé dans les années 1990, à savoir, être presque entièrement coupés de vivres. Ainsi cette assurance d'une possible diversification de ses financements est très appréciée. Le rapprochement actuel des sphères militaire et industrielle est essentiellement du à la proximité de leurs élites. A la chute de l'URSS, une grande partie des anciennes élites militaires se sont reconverties dans l'industrie[111], ce qui rend plus facile, l'établissement à l'heure actuelle, de ponts entre ces deux sphères.

La plaque continentale de la mer de Barents, les ports de la péninsule de Kola et les champs de *Severodvinsk* sont les principaux endroits dans lesquels les intérêts militaires et économiques se rencontrent. Ce sont tous trois des endroits stratégiques dans lesquels les deux sphères sont très fortement liées et où les activités militaires et économiques pourraient éventuellement se gêner. Il semble que la mer de Petchora qui est située dans la partie Sud-Est de la mer de Barents sera développée en priorité car cette zone n'a pas une importance aussi stratégique que le centre et l'Ouest de la mer, là où est situé le champ de Chtokman. Mais ce n'est certainement qu'une question de temps avant que les activités d'exploration et de prospection ne se développent. Et ce, malgré le fait que cette dernière zone soit le lieu où les sous-marins nucléaires stratégiques de la flotte du Nord ont leurs routes de transit et leurs aires de stationnement.

Le principal problème envisagé par la flotte du Nord est la question de la gêne que pourraient causer les infrastructures. Les plates-formes de forage, les pipelines nationaux ou étrangers, quelque soit leur localisation sont des installations permanentes. Il sera impossible de les déplacer en cas de crise ou de conflit, soit dans des situations qui demandent un accès facilité pour la marine. Et cela fait une grande différence par rapport aux tankers, bateaux

---

111 SIECA-KOZLOWSKI Elisabeth, « *L'armée russe : stratégies de survie et modalités d'action individuelle et collective en situation de " chaos "* », Cultures & Conflits, 24-25, hiver 1996- printemps 1997, disponible en ligne sur http://conflits.revues.org/index2170.html (Consulté le 29 mai 2010) ;

cargos, vaisseaux de recherche ou de pêche qui peuvent facilement être déplacés d'une aire d'opération par exemple pour causes de restrictions temporaires du trafic ou autre. Kristian Atland[112] mentionne également que les bruits générés par les installations pétrolières offshores sont susceptibles de compliquer les opérations des forces sous-marines russes de guerre. A l'inverse, cette gêne contribue à rendre plus difficile pour les sous-marins étrangers, la tâche de localisation des vaisseaux russes qui pourraient profiter du bruit pour se dissimuler[113]. Le problème principal est que la présence des infrastructures pétrolières risque de limiter les espaces libres pour la flotte sous-marine ou de surface dans une mer qui est déjà très peu profonde et bloquée par les glaces durant plus de six mois de l'année.

Ainsi, les autorités de défense russes prennent une grande part dans les discussions et décisions relatives aux futures activités offshore dans la mer de Barents. Pour le moment, un seul cas a été recensé au cours duquel les autorités militaires russes ont rejeté l'installation d'infrastructures de forage dans la péninsule de Kola, près de l'entrée du Fiord de Kola. Globalement, il est plutôt défavorable à la flotte de faire obstacle ou de retarder le développement des champs pétroliers et gaziers dans la mer de Barents.

Quand des entreprises, comme Gazprom, Rosneft, Lukoil ou d'autres compagnies russes, cherchent des endroits pour construire des terminaux pétroliers et gaziers sur la péninsule de Kola, ils basent leurs estimations sur des critères tels que la profondeur de l'eau, les conditions de glace, l'existence d'infrastructures terrestres et la proximité du marché occidental. Kristian Atland[114] souligne que, sont utilisés aujourd'hui les

---

[112] ATLAND Kristian, "*Russia, the Barents Sea, and the Arctic: From Cold War to Petroleum Bonanza?*" in Bertil Nygren, Bo Huldt, Patrik Ahlgren, Pekka Svionen & Susanna Huldt (eds.) : "*Russia on Our Minds: Russian Security Policy and Northern Europe*", Strategic Yearbook 2008-2009. Stockholm: National Defence University 2010, pp. 111-132 ;

[113] id idem ;

[114] id idem ;

mêmes critères que ceux utilisés par l'URSS quand elle planifiait de construire des bases navales dans la péninsule de Kola. La flotte soviétique avait besoin de ports libres de glaces, localisés près de l'Europe de l'Ouest et des E.U. Au résultat, les ports les plus accessibles de la péninsule de Kola sont toujours contrôlés par les militaires, même si les capacités de la flotte du Nord se sont réduites drastiquement. Ainsi les infrastructures de cette région sont devenues l'objet de toutes les convoitises étant donné que la croissance de l'industrie pétrolière exige toujours plus de terminaux pour les exportations.

En 1986, la flotte russe du Nord comptait 180 sous-marins nucléaires toutes classes confondues. En 2006, elle n'en avait plus que 42. Et dans la même période, le nombre de vaisseaux lourds de surface (porte-avions, croiseurs et destroyers) avait diminué de 79 à 18[115]. De fait, Kristian Altand[116] souligne que l'attitude des militaires vis-à-vis de l'industrie pétrolière semble avoir connu des changements significatifs et serait passée d'une attitude de non-coopération et d'inflexibilité dans les années 1990 à un pragmatisme croissant dans les années 2000. Ceci est certainement du au fait que sous la présidence de Vladimir V. Poutine les interférences entre les sphères militaro-politiques et économiques ont été telles qu'elles semblent n'en faire plus qu'une.

Les questions de la production et du transport du gaz naturel liquéfié ont souvent été évoquées entre Gazprom et la marine russe. Des accords de coopération, principalement axés sur la façon dont les vaisseaux de la marine russe, les ports et les chantiers navals pourraient soutenir les activités de Gazprom, ont été signés. On peut également citer le projet de Gazprom de

---

115 BARABANOV Mikhail, (2006), *Sovremennoye sostoyanie i perspektivy razvitiya rossiyskogo flota* [*Present situation and development prospects of the Russian Navy*] Moscow: Center for Defense Information, pp. 57–58, cité par Kristian Atland, cf. note précedente ;

116 ATLAND Kristian, "*Russia, the Barents Sea, and the Arctic: From Cold War to Petroleum Bonanza?*" in Bertil Nygren, Bo Huldt, Patrik Ahlgren, Pekka Svionen & Susanna Huldt (eds.) : "*Russia on Our Minds: Russian Security Policy and Northern Europe*", Strategic Yearbook 2008-2009. Stockholm: National Defence University 2010, pp. 111-132 ;

construire une usine de traitement du G.N.L. extrait du champ de Chtokman, dans le village de Teriberka, anciennement localisé dans la zone fermée (ZATO) de Severomorsk. Ceci est une bonne indication de la nature de plus en plus pragmatique des relations civilo-militaires en Russie. Il sera intéressant de voir, à l'avenir, quelles sont les limites des interactions civilo-militaires dans la Péninsule de Kola et de leur coopération inédite.

Le pragmatisme des relations militaro-industrielles est observé également dans les chantiers de Severodvinsk (*Sevmash* et *Zvezdochka : ОАО "ПО "Севмаш" et ОАО "ЦС "Звездочка"*) qui employaient en 1980, une force de travail de 48.000 personnes. Dans les années 1990, incapables de remplir leurs carnets de commandes avec la construction et les tâches de maintenance de la flotte russe du Nord, les chantiers se sont tournés vers des clients civils et notamment l'industrie pétrolière. Mais plutôt qu'une reconversion totale, le changement d'orientation a opéré plutôt une diversification sous l'effet des nécessités économiques. Elle a certainement attisé les craintes de l'establishment militaire russe que cette conversion ne conduise à affaiblir l'expertise et les capacités de production des chantiers militaires. Sans compter que ceux-ci ne savent pas bien comment combiner les productions civiles et militaires qui concernent des modèles différents. Aujourd'hui, ces chantiers sont administrés par le Ministère du Commerce et du Développement Economique et l'influence du Ministère de la Défense et de la flotte du Nord y est assez limitée. Les chantiers sont davantage régis par les lois du marché et moins par des considérations militaro-économiques. Toutefois, le pouvoir politique n'est jamais très éloigné et reste le donneur d'ordre en dernier ressort. A son grand désavantage, *Sevmash* ne fait pas figure d'entreprise très fiable à l'étranger et elle vient par exemple d'annoncer qu'elle ne comptait pas se soumettre à la décision d'un tribunal arbitral qui sanctionnait d'importants retards dans la livraison de douze tankers chimiques à la compagnie norvégienne Odjfell intervenus en octobre 2007[117].

---

[117] "*Sevmash refuses to pay Norwegian debts*" publié le 14 avril 2010 sur Barents Observer, disponible en ligne en anglais sur

L'Etat russe a contribué à sauver le grand chantier naval de Severodvinsk (*Sevmash*) dont les difficultés techniques, sociales et financières étaient grandes. Le champ de *Sevmash* à Severodvinsk dans l'Oblast d'Arkhangelsk est la plus grande entreprises de construction de navires russes. Il a été établi en 1939 et a servi à la construction de 163 sous-marins et 45 vaisseaux de surface. Il est spécialisé dans le secteur miliaire et avant tout dans les sous-marins. A l'heure actuelle, *Sevmash* développe la première série de sous-marins russes de quatrième génération, dont le premier, le *Yuri Dolgorouky*. L'entreprise est également engagée dans des opérations pour l'industrie pétrolière et gazière. La plate-forme de *Prirazlomnaoe* au large de Varandeï (Okroug autonome des Nenets) en mer de Petchora qui doit servir au champ pétrolier du même nom est en cours de construction et la production devrait pouvoir débuter en 2011. Cette plate-forme devrait être cédée à Gazprom. Elle est réputée pouvoir résister à la glaciation de la mer et aux icebergs.

Vladimir V. Poutine a signé, au début du mois d'octobre 2009, un décret octroyant quatre milliards de roubles aux chantiers pour les aider à surmonter les difficultés financières[118]. Et Viktor Khristenko, le Ministre de l'Industrie et de l'Energie a promis, à son tour, la prolongation d'un crédit de 6 milliards de la Banque russe de Développement *Vneshekombank*. En 2008, les chantiers avaient reçu de mauvaises nouvelles, notamment l'annulation de deux commandes importantes : la construction de tankers pour l'entreprise norvégienne de transport et de stockage de produits chimiques Odfjell et la construction de centrales nucléaires flottantes destinées au site de Chtokman pour Rosatom (Agence fédérale de l'Energie atomique), du fait de l'augmentation, en cours de réalisation, des coûts des projets. Parmi les difficultés que rencontre l'entreprise, on peut également citer l'embarras pour

---

http://www.barentsobserver.com/sevmash-refuses-to-pay-norwegian-debts.4770061-116320.html (dernière consultation le 15 avril 2010) ;

[118] "*Putin saves Sevmash from economic crisis*", Barents Observer, le 6 octobre 2009, http://www.barentsobserver.com/putin-saves-sevmash-from-economic-crisis.4640470-16334.html (dernière consultation le 22 mars 2010) ;

recruter des ouvriers spécialisés (l'entreprise compte 25.000 employés), dans un contexte de décroissance continue de la population de Severodvinsk (250.000 habitants en 1991, 190.000 en 2008) mais également le vieillissement de certains matériels. A l'heure actuelle, *Sevmash* consacre les trois-quarts de son activité à l'industrie militaire (démantèlement de sous-marins nucléaires depuis 1992, construction de sous-marins et de porte-avions) et un quart à l'industrie civile, en particulier à la construction des infrastructures d'exploration et d'exploration des sous-sols arctiques. Même si la reconversion de l'entreprise vers une industrie civile semble en bonne voie, *Sevmash* a tout de même accueilli très favorablement l'engagement financier de l'Etat russe. Ce soutien de l'Etat russe est un signe fort de l'importance stratégique de ce secteur aux yeux du gouvernement.

Gazprom : l'acteur incontournable

« Le pétrole suscite des émotions et des espoirs extraordinaires, car il représente avant tout une grande tentation. C'est la tentation de la facilité, de la richesse, de la force, de la fortune et du pouvoir ». Ryszgard Kapuscinski[119].

Une telle observation s'est vérifiée pour la Russie, qui a adopté depuis les années 2000, un comportement d'autant plus arrogant qu'augmentaient ses revenus issus de l'exploitation des ressources naturelles. La Russie, disposant de très grandes ressources en hydrocarbures et minières, se développe comme un Etat rentier et le secteur industriel de son économie est très peu développé[120]. Cela ne va sans poser certaines questions quant à la

---

[119] KAPUSCINSKI Ryszgard, Le Shah ou la démesure du pouvoir, Flammarion ;

[120] COSTADAU Fabienne, « *Jérôme Sgard : Quel modèle industriel pour la Russie du XXIe siècle ?* », le 3 mars 2010, Nouvelle Europe, disponible en français en ligne sur http://www.nouvelle-europe.eu/opinions/opinions-d-europe/jerome-sgard-quel-modele-

viabilité d'un tel système qui est très fortement soumis aux aléas des cours des matières premières sur les marchés mondiaux. Certes, une telle position n'est pas rare et les Etats du golfe arabo-persique également rentiers ne semblent pas souffrir de ce statut. Le cas de l'Algérie inspire plus de méfiance car il est difficile pour un Etat qui a basé son économie sur la rente énergétique de diversifier ensuite son système économique. Dans la région de la mer de Barents, on dénombre côté russe, deux acteurs incontournables sur les questions énergétiques à savoir les deux entreprises d'Etat : Gazprom et Rosneft. De leurs stratégies et de leurs capacités d'investissement dépendent une grande partie du développement de la région.

La stratégie des dirigeants de Gazprom est de passer du statut de leader en gaz au statut de leader du secteur mondial de l'énergie[121]. *De facto*, Gazprom est la plus grande compagnie de gaz naturel au monde, elle emploi 300.000 personnes et ses contributions fiscales comptent pour 25% du budget de l'Etat russe. Gazprom contrôle 25% de l'ensemble des réserves de gaz dans le monde et 94% du gaz naturel russe. Le géant gazier possède la presque totalité de l'infrastructure de transport de gazoduc en Russie, soit 144.000 km de pipelines et de nombreuses stations de compression. Elle contrôle les approvisionnements du marché domestique et les exportations. Elle est la seule compagnie russe autorisée à vendre du gaz hors de l'ex-URSS. En Russie, elle contrôle également de nombreuses autres entreprises dans divers secteurs (Gazprom Bank, Sogaz, Gazprom media…) et à l'étranger, elle participe au capital de presque toutes les importantes entreprises du secteur de l'énergie (Statoil en Norvège, Total en France…). C'est une entreprise d'Etat et ses dirigeants entretiennent des liens forts avec le Kremlin (l'actuel Président Dimitri A. Medvedev était l'ancien PDG de Gazprom et Alexeï B. Miller l'actuel PDG est un ami proche de Vladimir V. Poutine) au

---

industriel-pour-la-russie-du-xxie-siecle.html (dernière consultation le 14 avril 2010) ;

[121] LIZIN Anne Marie, Gazprom : stratégie de la Russie, Edition Luc Pire, 2007 ;

point qu'en Russie, on peut dire que la politique et l'économie sont des domaines confondus.

A l'origine, l'entreprise Gazprom était le ministère soviétique du Gaz crée en 1965 quand l'URSS décida d'attacher une plus grande importance à la production de gaz et à sa consommation. Ce ministère est devenu Gazprom en 1989 et son premier Président Viktor S. Tchernomyrdine qui est l'actuel Ambassadeur de Russie en Ukraine, avait été nommé Ministre du Gaz par Gorbatchev. En 1993, l'entreprise a été réorganisée dans la compagnie d'actionnaires « RAO GAZprom » qui en 1998 a été renommée « OAO GAZprom ». L'Etat russe qui détenait déjà près de 40% de ses titres a acquis auprès du groupe une participation supplémentaire de 10,74%, le 23 juin 2005 et devenait par la même, actionnaire majoritaire. La structure de l'actionnariat devenait ainsi plus claire, comme le précisait le responsable de l'entreprise à l'époque : « *l'Etat détient le contrôle et le reste appartiendra aux actionnaires privés* ».

Si Gazprom est une très grande entreprise dont la puissance et les ramifications se font sentir partout dans le monde, elle a aussi de grandes faiblesses. Notamment le fait qu'elle devra nécessairement mettre en œuvre dans les prochaines années de nombreux investissements pour préserver son appareil et ses circuits de production. Il n'est pas sûr que l'entreprise soit financièrement en mesure de réaliser ces investissements pourtant nécessaires. Les trois grands gisements majeurs de Sibérie occidentale d'Urengoy, Yamburg, et Mevezhye représentent plus de 70% de la production totale du gaz naturel de Gazprom mais ils sont maintenant en déclin et il est prévu pour chacun une baisse sévère de la production jusqu'en 2020. Une étude de l'US Energy Information Administration (USEIA) produite en 2004 et rapportée par Anne Marie Lizin[122] montrait que pour satisfaire ses obligations jusqu'en 2020, Gazprom serait obligée de se lancer tout de suite dans une sérieuse réorganisation : une expansion de son système du gaz et le développement de nouveaux gisements. Selon

---

[122] LIZIN Anne Marie, Gazprom : stratégie de la Russie, Edition Luc Pire, 2007, p22;

l'évolution actuelle de la production, ces trois champs couvriraient seulement 23% des besoins de Gazprom d'ici 2020. Une étude russe estimait que pour la construction de nouveaux pipelines trois milliards de dollars seraient nécessaires. Cette étude passait également en revue les secteurs où d'importants investissements par l'industrie gazière seraient nécessaires entre 2001 et 2003 : l'exploration géologique (25,5 à 33 milliards de dollars), les coûts de production (44,4 à 52,5 milliards de dollars), les coûts de transformation (21 à 22 milliards de dollars) et le transport (83 à 96 milliards de dollars). Ainsi cela représenterait 203 milliards de dollars d'investissements que Gazprom devrait réaliser.

D'après les résultats d'une étude de l'O.C.D.E. rapportés par Anne Marie Lizin, on note que le développement des gisements dans la péninsule de Yamal et sur le plateau de l'Ob-Taz coûterait 25 milliards de dollars avec un coût pour les infrastructures de l'ordre de 40 milliards de dollars. Le souci est que Gazprom ne dispose pas nécessairement des moyens financiers pour faire tous ces investissements. Anne Marie Lizin rappelle que le 1° janvier 2003, le déficit de l'entreprise était de 21,2 milliards de dollars majorés de 10 milliards de dollars de dettes. En 2005, la situation a empiré de façon inquiétante avec l'acquisition de Sibneft pour 10 milliards de dollars. Le groupe envisage pourtant d'autres acquisitions en Russie ou à l'étranger et aussi des échanges d'actifs avec des partenaires étrangers comme pour le développement du champ gazier géant Chtokman dans la mer de Barents. Fournissant 90% du gaz russe, 20% de la production mondiale, la compagnie russe entend étendre ses compétences au domaine pétrolier, c'est ce qui a motivé l'achat de Sibneft et l'acquisition de Rosneft[123], le géant pétrolier russe, autorisée par Vladimir V. Poutine le 14 septembre 2004[124]. Gazprom outre l'Arctique aurait des vues sur les ressources pétrolières nord-africaines.

---

[123] Dr. POUSSENKOVA Nina, "*Rosneft as a Mirror of Russia's Evolution*", Institute of World Economy and International Relations, Russian Academy of Sciences;

[124] GURIN Charles, "*Putin merges Gazprom and Rosneft*", publié le 15 septembre 2004 par ISN Center for Security Studies, disponible sur

L'intérêt de Gazprom pour les ressources énergétiques de la région de la mer de Barents a été presque nul jusque dans les années 1980. Aujourd'hui ces ressources sont incontournables, même si les coûts de production sont si élevés que, pour le moment, il n'est pas encore rentable de les exploiter. Il faut garder en tête le fait que si l'OPEP peut vendre le baril à 10 dollars sans accuser de pertes, il faut que le prix soit de 12 $ pour que la Russie rentre dans ses frais, voire 25 $ dans de nombreuses régions.

Arild Moe souligne qu'il y a une divergence entre l'agenda de l'Etat russe et celui de Gazprom et Sibneft[125] ; les deux entreprises seraient beaucoup moins pressées que ne le serait ce premier[126]. Le Ministre des ressources naturelles avait manifesté sa frustration devant la Douma en 2008 en se référant aux investissements offshore limités réalisés par Rosneft et Gazprom. Il déclarait que si le rythme restait tel qu'il était à l'époque, il faudrait plus de 155 ans avant d'atteindre le niveau d'investissements nécessaires[127].

Développer les ressources pétrolières et gazières de l'Arctique est, essentiellement pour l'Etat russe, une nécessité pour la viabilité de son économie nationale. Ce fonctionnement de rentier pourrait être problématique à terme, dans la mesure où l'Etat russe est dans une situation économique difficile, il ne sera peut-être pas en mesure de financer toutes les investissements nécessaires pour pérenniser l'exploitation des hydrocarbures. Au titre de celle-ci, Gazprom doit nécessairement rénover le réseau des pipe-lines qui comporte des fuites considérable, comme nous le mentionnions, et construire de nouvelles plates-formes pétrolières offshores haute technologie notamment dans l'Arctique.

---

http://www.energybulletin.net/node/2122 (dernière consultation le 12 juin 2010);

[125] MOE Arild, "*Russian and Norwegian petroleum strategies in the Barents Sea*", 22 mai 2010;

[126] MOE Arild, ROWE Elana Wilson, *« Northern Offshore Oil and Gas Resources : Policy challenges and approaches »* dans Russia and the north, University of Ottawa Press, Ottawa, 2009, pp 107-108;

[127] Ministère des ressources naturelles, Press release, 24 juin 2009 ;

Une exploitation des ressources naturelles russes en consortium avec des entreprises étrangères

La relation économique russo-norvégienne dans la mer de Barents est très particulière et très ambiguë car, même s'ils préféreraient s'en dispenser, les Russes et les Norvégiens sont obligés de coopérer pour exploiter les ressources naturelles de la mer de Barents. Il semble nécessaire que les Russes coopèrent avec des firmes étrangères notamment norvégiennes pour l'exploitation de leurs hydrocarbures de la mer de Barents car ces entreprises disposent des technologies qui font défaut aux russes. Cette démarche de coopération n'est pas très appréciée par les Russes qui préfèrent habituellement exploiter seuls leurs ressources et qui n'hésitent d'ailleurs pas, depuis quelques années, à interrompre, parfois très discourtoisement, des coopérations avec des firmes étrangères ou à empêcher la diffusion d'Investissement Directs Etrangers (I.D.E.) en Russie. En l'occurrence, Gazprom cherche à capitaliser le savoir-faire de Total et de Statoil et des sociétés associées au projet. Cela devrait lui permettre de développer seul les deux phases ultérieures du projet de Chtokman et les autres gisements découverts en offshore. Yuri A. Komarov, patron de la Chtokman Development AG (SDAG) -société exploitante détenue par Gazprom (51 %), Total (25 %) et Statoil (24 %)- reconnaît que la Russie n'a pas de grande expérience de l'offshore et du G.N.L., mais que cette étape de coopération lui est nécessaire, si elle souhaite développer seule d'autres grands projets notamment dans la péninsule de Yamal[128].

---

[128] BEZAT Jean-Michel, « *A Chtokman, le pari titanesque mais fragile de Total sur l'un des plus grands champs gaziers au monde* », Le monde, le 7 avril 2010, disponible en ligne sur http://mobile.lemonde.fr/economie/article/2010/04/06/a-chtokman-le-pari-titanesque-mais-fragile-de-total-sur-l-un-des-plus-grands-champs-gaziers-au-monde_1329460_3234.html (dernière consultation le 29 mai 2010) ;

Il faut souligner à cette occasion que si les Russes n'apprécient pas beaucoup de collaborer avec des firmes occidentales, ces dernières sont également très méfiantes car les expériences dans le passé ont souvent été malheureuses. C'est pourquoi, la part des I.D.E. dans l'investissement total en Russie est limitée. Le gouvernement russe a, très tôt, manifesté le souhait de contrôler les prises de participation étrangères sur le territoire national en contraignant les opérateurs intéressés à s'associer à des entreprises russes par le biais d'accords de partage de production[129]. Mais ces instruments combinés au caractère insuffisamment stabilisé du droit applicable se sont avérés être des sources de difficultés pour les investisseurs étrangers. On peut citer la mauvaise expérience du groupe Total en 1995, à propos de l'exploitation du champ de pétrole de Kharyaga, situé sur le territoire autonome des Nenets[130]. Cet exemple parmi de nombreux autres, explique la grande réticence des investisseurs occidentaux à s'installer en Russie. Ainsi les opérateurs économiques russes veillent jalousement à leur mainmise sur la production nationale.

La compagnie norvégienne Statoilhydro est engagée aux côtés de Gazprom et Total dans l'exploitation du gisement gazier

---

[129] Rapport d'information du sénat n° 161, au nom de la Commission des Affaires économiques et du Plan à la suite à une mission effectuée en Russie du 15 au 23 septembre 2004. Disponible en ligne sur le site du sénat à l'adresse :http://www.senat.fr/basile/visio.do?id=r827969_29&idtable=r827969_29|r815529_21|r847629_3|r842369_1|r832529_113|r816909_21|r832489|r824209_11|r815769_9|r832309_6&_c=rapport+du+s%E9nat+161&rch=rs&de=20030101&au=20050131&dp=10+ans&radio=deau&aff=ens&tri=p&off=0&afd=ppr&afd=ppl&afd=pjl&afd=cvn&isFirst=true (dernière consultation le 13 avril 2010). Pour plus d'informations voir le rapport information n°995 du député Hervé MARITON intitulé : « L'implantation des entreprises françaises en Russie : la force et le droit » disponible sur Internet à l'adresse http://www.assemblee-nationale.fr/12/pdf/rap-info/i0995.pdf (dernière consultation le 13 avril 2010) ;

[130] ib idem ;

de Chtokman et collabore en outre, depuis 2005 avec les Universités techniques de Mourmansk et d'Arkhangelsk. L'idée de Statoil est de diversifier les formes de son partenariat avec la Russie pour avoir le maximum de garanties de réalisation du contrat. Toutes les compagnies étrangères qui tentent de s'installer en Russie ou de collaborer avec les Russes se plaignent de leur manque de fiabilité. Profitant de la mise en œuvre d'un projet de réforme de l'enseignement en Russie lancé en 2006 –comprenant la réduction drastique du nombre d'établissements d'enseignement supérieur- et le positionnement d'Arkhangelsk pour accueillir la grande université fédérale du Nord-Ouest de la Russie, Statoil s'est positionné sur ce créneau. Mourmansk mise également sur la coopération avec la Norvège pour sauver ses établissements. Les nombreux centres d'enseignement supérieur de l'Oblast (28 facultés et une cinquantaine de lycées techniques), peu réputés pour la plupart, craignent pour leur devenir à l'heure de la mise en concurrence et de la baisse de la population. En 2008, le Maire de Mourmansk, Mikhail Savchenko, avait expressément souligné les bons résultats de l'expérience de Statoilhydro dans la formation du personnel dans les villes norvégiennes de Hammerfest et Stavanger.

Pour développer le potentiel énergétique de la région, d'énormes investissements de la part des industries gazière et pétrolière sont attendus. La question reste de savoir si l'Arctique est une alternative compétitive. Compte tenu des informations disponibles sur les ressources potentiellement disponibles, les coûts et les risques d'extraction et de transport, il n'est pas certain que ces forages soient encore rentables. Le gaz de Chtokman est essentiellement destiné aux marchés américains et européens. Or, depuis quelque temps, émerge aux E.U. et en Europe, une autre source importante de gaz : le gaz des schistes[131]. Cette source de

[131] «*Gazprom might abandon Shtokman*», *Barents Observer* (barentsobserver.com), 26 janvier 2010 et « *Coopération russo-norvégienne dans la mer de Barents* » par F. Costadau, Regards sur l'Est, n°54, 15 avril 2010, disponible en ligne sur http://www.regard-est.com/home/breve_contenu.php?id=1080 (dernière consultation le 31 mai 2010) ;

gaz non conventionnelle pourrait permettre aux E.U. et à certains pays de l'U.E. de produire eux-mêmes leur gaz et de ne pas avoir recours à l'importation de gaz russe. Il faut noter que des activités on shore d'exploitation de l'énergie et de développement de l'Arctique sont déjà en cours depuis plusieurs décennies. Ce sont les extractions offshores qui restent à développer. A l'heure actuelle, l'Arctique produit déjà un dixième de la production mondiale de pétrole et un quart de celle du gaz.

La compagnie norvégienne Statoilhydro exploite le seul champ gazier offshore de la partie européenne de l'Arctique : le champ de Snøhvit qui a été découvert en 1984. La production de G.N.L. a débuté en 2007 avec un premier envoi opéré du champ de Snøhvit en octobre 2007. La mise en œuvre de ce champ a connu un certain nombre de difficultés techniques. Globalement, le but du projet, était pour la Norvège, de prouver qu'elle maîtrisait les techniques de forage et d'exploitation gazière en deep offshore. Le prochain champ offshore qui devrait entrer en production côté russe sera certainement le champ de Prirazlomnoe dans la mer de Petchora. Une semaine après que la production ait débuté à Snøhvit, Statoilhydro, la compagnie pétrolière et gazière norvégienne a été invitée à participer au développement du champ gazier de Chtokman dans la partie russe de la mer de Barents qui aurait du débuter en 2013.

Le fait que les activités dans la zone soient essentiellement on shore indique que jusqu'alors, les industries ne considéraient pas qu'il était rentable pour elles, d'exploiter les espaces offshores de l'Arctique. Visiblement, ce jugement est en cours de révision. Il y avait eu des plans pour développer des plates-formes offshores, notamment dans la mer de Beaufort (entre l'Alaska et le Canada) et dans la mer des Tchouktches, dans le début des années 2000 mais ceux-ci avaient été abandonnés. Pour les compagnies pétrolières et gazières russes, il ne fait pas de doute que le développement de l'Arctique est une priorité et d'ailleurs cette aire géographique est devenue le principal axe de marketing de Gazprom. L'entreprise voit la croissance de ces activités offshore comme un élément de réponse au défi d'assurer l'approvisionnement énergétique russe, européen et mondial après 2010. Les analystes ont toutefois noté que nombre des propositions développées par Gazprom sont visionnaires et difficilement réalisables à court terme.

Dans l'Arctique européen, en mer de Norvège et mer de Barents, l'intérêt des industries augmente au vu du nombre de compagnies qui ont participé aux appels d'offres réalisés en 2008. Celles-ci étaient deux fois plus nombreuses qu'en 2004. La région est réputée comme étant politiquement stable, ce qui est très important pour aborder les questions de sécurité énergétique. Toutefois, il faut souligner, qu'investir en Russie n'est pas d'une égale difficulté pour des compagnies canadiennes, norvégiennes ou américaines. Le processus de renationalisation du secteur l'énergie et le sort réservé aux entreprises étrangères qui ne sont pas autorisées à prendre des parts dans l'exploitation des champs offshore, sans compter la pratique répandue de la corruption font que les entreprises étrangères hésitent à investir en Russie, où le « risque pays » est beaucoup plus élevé que sur la côté norvégienne, par exemple. En Norvège, le souci est que les taxes et impôts sont très élevés et que les chances de faire de grandes découvertes sont minces. Ainsi les entreprises intéressées sont confrontées à des choix difficiles pour l'implantation de leurs investissements.

Globalement les conditions d'installation offshore en Russie sont devenues plus faciles ces dernières années, malgré la nouvelle législation sur les I.D.E. dans les secteurs stratégiques, adoptée en avril 2008. D'après cette dernière, les compagnies d'Etat auront des droits exclusifs sur le plateau continental russe. Cela n'empêche pas toutefois, les projets collectifs avec des entreprises étrangères mais les licences resteront entre les mains des entreprises russes. Cela porte un coup d'arrêt à un élan de compétition entre firmes étrangères et pose plutôt le cadre d'un développement progressif de la sous-région.

Du fait des longues distances, le G.N.L. semble être la forme sous laquelle il est le plus facile et le plus fiable de transporter le gaz dans la région. Pour le reste, le transport par voie maritime est difficile car il nécessite de compter avec la présence de brises-glace qui ne sont pas accessibles à tous et il y a un risque important de collusion avec des icebergs. Toutes ces difficultés sont synonymes de coûts pour les entreprises. Et d'après Ludmila V. Kalist, du "*Всероссийский научно-исследовательский геологический нефтяной институт" (ВНИГНИ* - Institut Fédéral russe de recherche sur le pétrole et la géologie), en novembre 2008, il était établi que seulement 1% des ressources russes en hydrocarbures de la zone étaient rentables compte tenu des prix du gaz et du pétrole à l'époque[132]. Il semblerait que les prix doivent atteindre 100$ le baril pour que les investissements offshores soient rentables. Des analystes remettent sérieusement en question la faisabilité du projet de Chtokman. En décembre 2008, le directeur de la compagnie de développement de Chtokman, Youri A. Komarov établissait que les prix du gaz naturel devaient être de 50 ou 60$ M.B.T.U. (millions de British Thermal Units / 1 Kilo Watt heure = 3412 BTU) pour que l'exploitation du gisement du Chtokman soit rentable. Aujourd'hui c'est loin d'être le cas puisque le cours mondial du gaz naturel était le 3 mai 2010 à New York de 3,95 $ M.B.T.U.

B. Contexte juridique et questions de souveraineté dans la partie européenne de l'Arctique

Jusqu'aux premiers pas de la codification internationale du droit de la mer, les zones de souveraineté étatiques n'étaient pas clairement établies en Arctique. Mais depuis peu, elles font l'objet de revendications croissantes auxquelles la C.M.B. tente d'apporter des réponses. Les Etats riverains se sont engagés depuis la déclaration d'Ilulissat[133] (Groenland occidental), du 28 mai 2008, à

---

132 « *Arctic oil production not profitable* », 18 novembre 2008, BarentsObserver, http://www.barentsobserver.com/index.php?id=4527025&showtipform=1&cat=16149 (dernière consultation le 29 mai 2010);

133 Déclaration disponible en ligne sur http://benmuse.typepad.com/arctic_economics/2008/05/the-ilulissak-declaration.html (dernière consultation le 29 mars 2010) ou sur

définir leurs droits souverains dans l'océan glacial Arctique dans le cadre des limites fixées par le droit international de la mer. Et il faut observer que jusqu'ici tous ont respecté cet engagement. La C.M.B. est souvent mentionnée comme étant la constitution des océans et Carl August Fleischer[134] l'a décrite comme étant certainement le meilleur développement légal qui ait jamais eu lieu et une transition majeure vers plus de responsabilité et de durabilité dans la gestion des ressources mondiales.

Le premier instrument utilisé pour déterminer les frontières maritimes est la Convention des Nations Unies sur le Droit de la Mer (C.N.U.D.M.) aussi appelée Convention de Montego Bay dont le processus de codification avait débuté en 1958,. Elle a été signée par 159 Etats en 1982, est entrée en vigueur en 1994 après avoir obtenu 60 ratifications et à laquelle participent tous les Etats circumpolaires sauf les Etats Unis. La plupart des dispositions relatives à la juridiction maritime de la C.M.B. ont acquis une valeur de règle coutumière internationale et revêtent donc un caractère contraignant pour les Etats. Pour les Etats côtiers, le droit de la mer a accordé un contrôle sur de vastes quantités de ressources naturelles et de la prévisibilité pour exploiter ces ressources. Pour la Norvège, un Etat faiblement peuplé mais avec une longue ligne de côte, autant sur le continent que dans ses îles de l'Arctique, les nouvelles dispositions sont d'une grande importance. Et cela a été d'autant plus remarquable que du pétrole et du gaz ont été découverts sur le plateau continental norvégien. Seulement pour l'océan Arctique et la mer de Barents, la Norvège

---

http://www.oceanlaw.org/downloads/arctic/Ilulissat_Declaration.pdf (dernière consultation le 2 janvier 2010) ;

[134] FLEICHER Carl August, « *The New International Law of the Sea and Svalbard* », intervention présentée le 24 janvier 2007, à un colloque sur les politiques et la loi, l'énergie et l'environnement dans le Grand Nord, à l'académie norvégienne des lettre et des sciences, disponible en ligne en anglais sur http://www.dnva.no/binfil/download.php?tid=27095 (dernière consultation le 29 mars 2010), p 1 ;

demande à faire reconnaître sa souveraineté sur des aires qui ont à peu près la taille de l'U.E.[135].

Pour clarifier les différents aspects de cette question juridique, nous verrons quel est le cadre juridique de l'océan glacial Arctique, quel est l'état des revendications étatiques et enfin le poids de la coopération régionale en matière de gestion et de gouvernance).

Cadre juridique international appliqué à l'océan Glacial Arctique ?

Au cours du sommet d'Ilulissat et d'Ottawa (mars 2010), les cinq Etats riverains de l'océan Arctique (Russie, Canada, Norvège, Etats Unis et Danemark), ont montré leur volonté de coopération. Les ministres participants ont convenus de renoncer à l'élaboration d'un régime juridique particulier pour l'Arctique et ont admis l'applicabilité de la C.M.B. et la pertinence du mécanisme de la Commission sur les Limites du Plateau Continental (C.L.P.C.). Il aurait d'ailleurs été difficile à ces Etats d'imposer aux autres Etats un régime dérogatoire dès lors que la C.M.B. reflète dans ses dispositions substantielles l'état du droit international coutumier. Sur les cinq Etats circumpolaires, seuls les Etats-Unis n'ont pas encore ratifié la Convention, mais ils ont renouvelé à diverses occasions leur intention d'y procéder rapidement.

Pour l'essentiel la déclaration d'Ilulissat, adoptée à l'issue du sommet le 28 mai 2008, comporte l'affirmation de la position des Etats riverains fondée sur le droit international. Ils soulignent que leurs droits souverains leur confèrent une responsabilité particulière dans la protection de l'Arctique. Ils estiment que cette

---

[135] STØRE Jonas Gahr, « *Norwegian foreign policy priorities* », discours à la London School of Economics, le 26 octobre 2005, disponible en ligne en anglais sur : http://www.regjeringen.no/nb/dep/ud/aktuelt/taler_artikler/utenriksministeren/2005/norwegian-foreign-policy-priorities.html?id=420708 (dernière consultation le 29 mars 2010) ;

qualité d'Etats « possessionnés » permettra d'assurer une gestion responsable du système arctique. Ils envisagent de coopérer entre eux, avec d'autres Etats intéressés, ainsi qu'avec les Organisations Internationales compétentes. Toutefois l'essentiel des mesures appropriées devraient être adoptées sur un plan national.

D'après le Professeur Philippe Weckel, on assisterait à la naissance d'un Antarctique « en creux ». Il précise que « *les différences sont (...) de taille, fondamentales mêmes, (finalement les différences entre la terre et la mer), mais elles n'invalident pas la comparaison entre les Pôles. Russes et Américains ont désormais leur Pôle et cette évolution majeure ne saurait être sans incidence sur l'autre hémisphère* ». Il ajoute que « *le choix du droit commun de la mer pour l'Arctique écarte la perspective de la démilitarisation de la zone et il ouvre la voie à l'exploitation économique du sous-sol* »[136].

Ce sommet est très important car les cinq Etats riverains ont affirmé clairement leur intention de régler pacifiquement tous leurs différends relatifs à l'Arctique sur la base et dans le cadre de la C.M.B. L'application du droit de la mer exclut en réalité l'appropriation de cet espace maritime par les Etats riverains puisqu'il définit très précisément diverses zones sur lesquelles les prérogatives étatiques sont très encadrées.

La C.M.B. n'était pas particulièrement prévue pour s'appliquer à l'océan glacial Arctique, pourtant c'est finalement l'un de ses champs essentiels d'application. Cette convention qui codifie en la développant la pratique coutumière des Etats visait tout d'abord à clarifier les possibilités d'exploitations des fonds marins, notamment atlantiques dans lesquels on avait découvert dans les années 1970 des nodules polymétalliques porteurs de grands espoirs. Au final, aucune utilisation de ces nodules n'a jamais été trouvée et la convention est utilisée pour la délimitation

---

[136] Prof. WECKEL Philippe « *Déclaration d'Ilulissat : les cinq Etats riverains se partagent l'Océan Arctique* », Sentinelle, n° 151, 1° juin 2008, disponible sur le site de http://www.sfdi.org/actualites/a2008/Sentinelle%20151.htm, dernière consultation le 23 décembre 2009 ;

des zones de souverainetés des Etats circumpolaires dans l'océan glacial Arctique. Comme ce n'était pas son objet initial, la convention n'est que très moyennement adaptée à cet espace et elle comporte de nombreuses failles. La Convention faisait suite à la résolution 2749 (XXV) du 17 décembre 1970[137], « *Déclaration des principes régissant le fond des mers et des océans, ainsi que leur sous-sol, au-delà des limites de la juridiction nationale* », dans laquelle l'Assemblée Générale des Nations Unies a déclaré solennellement que la zone du fond des mers et des océans, ainsi que de leur sous-sol, au-delà des limites de la juridiction nationale et les ressources de cette zone sont le « patrimoine commun de l'humanité » et que l'exploration et l'exploitation de la zone se feront dans l'intérêt de l'humanité tout entière, indépendamment de la situation géographique des Etats[138].

Etant donné que ces droits sont devenus des coutumes du droit international, ils existent indépendamment du fait que les Etats aient ou non formellement revendiqué la zone correspondante de son plateau continental et aussi indépendamment du fait qu'ils aient ratifié la C.M.B. En revanche, seuls les Etats signataires peuvent mener une procédure devant la C.L.P.C., nouveauté instaurée par le traité qui n'existait pas dans la coutume.

D'après la C.M.B., les Etats côtiers exercent leur souveraineté sur une zone de mer adjacente à leurs côtes dite « mer territoriale »[139] jusqu'à 12 miles marins mesurés à partir des « lignes de base » ou « laisse de basse mer ». La ligne de base est normalement constituée par la limite des zones toujours couvertes

---

[137] Résolution 2749 (XXV) du 17 décembre 1970, « Déclaration des principes régissant le fond des mers et des océans, ainsi que leur sous-sol, au-delà des limites de la juridiction nationale » disponible en ligne en français sur http://www.un.org/french/documents/view_doc.asp?symbol=A/RES/2749(XXV)&Lang=F (dernière consultation le 29 mars 2010) ;

[138] Voir le préambule de la Convention de Montego Bay sur le site des Nations Unies : http://www.un.org/french/law/los/unclos/closindx.htm et en annexes ;

[139] Voir la Partie II, Section 1, article 2 et suivants de la Convention de Montego Bay en annexes;

par la mer quelle que soit la marée, en l'absence de phénomènes météo-océanographiques exceptionnels. Toutefois dans certains cas (présence d'îles proches du littoral, côte très découpée...), la « ligne de base normale » peut être remplacée par une « ligne de base droite », composée de segments, ne s'écartant pas de la direction générale de la côte et joignant des points situés sur la laisse de basse mer. Au-delà de la mer territoriale, l'Etat côtier exerce ses droits souverains et de juridiction sur une « Zone Economique Exclusive »[140] qui s'étend jusqu'à 200 M.M. des lignes de base à partir desquelles est mesurée la largeur de la mer territoriale. Dans le Z.E.E., l'Etat dispose « *de droits souverains aux fins d'exploration et d'exploitation, de conservation et de gestion des ressources naturelles, biologiques ou non biologiques, des eaux surjacentes aux fonds marins, des fonds marins et de leur sous-sol, ainsi qu'en ce qui concerne d'autres activités tendant à l'exploration à des fins économiques, telles que la production d'énergie à partir de l'eau, des courants et des vents* » (extrait de l'article 55 de la C.M.B.).

Selon la C.M.B. la délimitation du Plateau Continental (dorénavant mentionné P.C.) peut se faire de plusieurs manières. Dans le cas de figure où deux Etats se font face ou que leurs côtes sont adjacentes (ce qui est le cas entre la Russie et la Norvège), la délimitation des P.C. respectifs des deux Etats se fera en application de l'article 83 qui prévoit : « *[la délimitation] est effectuée par voie d'accord conformément au droit international tel qu'il est visé à l'article 38 du Statut de la Cour internationale de Justice afin d'aboutir à une solution équitable* »[141].

Dans les autres cas, ce sera l'article 76 qui s'appliquera. Cet article dont l'application pose beaucoup de difficultés dispose dans son paragraphe 1 que le P.C. « *[s'étend] sur toute l'étendue du prolongement naturel du territoire terrestre de cet Etat jusqu'au rebord externe de la marge continentale, ou jusqu'au 200 M.M. des lignes de base à partir desquelles est mesurée la largeur*

---

140 Voir la Partie V, Article 55 et suivants de la Convention de Montego Bay en annexes;

141 Voir la Article 83 de la Convention de Montego Bay en annexes;

de la mer territoriale, lorsque le rebord externe de la marge continentale se trouve à une distance inférieure » (art 76§1 de la C.M.B.)[142]. Sur le P.C., l'Etat souverain possède également de droits pour l'exploration et l'exploitation des ressources naturelles qui s'y trouvent.

Autrement dit, précise Hélène de Pooter[143], un Etat qui a un P.C. d'une largeur inférieure à 200 M.M. a le droit de l'étendre jusqu'à 200 M.M. Cette exception est accordée aux Etats ayant un P.C. étroit. Le paragraphe 3 de l'article fait mention d'une méthode géomorphologique pour déterminer la largeur de la marge continentale. Et le paragraphe 4 propose deux formules pour déterminer précisément le rebord externe de la marge continentale. En tout état de cause, le P.C. ne devra pas dépasser 350 M.M. Le paragraphe 8 invite les Etats qui revendiquent un P.C. au-delà des 200 M.M. à communiquer leurs demandes à la C.L.P.C. Cette commission, composée de 21 experts scientifiques (il n'y a pas de juristes à la C.L.P.C.), adresse des recommandations aux Etats côtiers pour qu'ils fixent de manière définitive et obligatoire les limites de leur P.C.

Les enjeux sont immenses car d'après l'art 77 de la C.M.B., les ressources naturelles se situant dans le P.C. sont la propriété de l'Etat côtier qui dispose du droit souverain de les exploiter. Les ressources naturelles concernées sont : « *les ressources minérales et autres ressources non biologiques des fonds marins et de leur sous-sol, ainsi que les organismes vivants qui appartiennent aux espèces sédentaires, c'est-à-dire les organismes qui, au stade où ils peuvent être pêchés, sont soit immobiles sur le fond ou au-dessous du fond, soit incapables de se déplacer autrement qu'en restant constamment en contact avec le fond ou le sous-sol* » (extrait art 77§4). Cela concerne donc les réserves de pétrole et de gaz qui s'y trouveraient. Dans la mer de Barents, l'enjeu est considérable car le sous-sol est riche en hydrocarbures et notamment en gaz naturel.

---

[142] Voir la Article 76 de la Convention de Montego Bay en annexes;
[143] DE POOTER Hélène, L'Emprise des Etats côtiers sur l'Arctique, Editions A.Pedone, 2009, p 19 et suivantes ;

L'article 76 sur le P.C.[144] semble a priori clair mais il pose en vérité de nombreuses difficultés car il énumère les différents types d'élévation du sous-sol océanique et y attache des conséquences variées, sans que cette typologie ne corresponde à la réalité scientifique. La C.L.P.C. qui avait compris depuis longtemps que cet article allait être source de contentieux s'est attelée à un essai d'interprétation. Elle a publié ces éléments dans un document intitulé « Directives scientifiques et techniques »[145], le 13 mai 1999. D'après l'analyse très précise qu'en fait Hélène de Pooter,[146] il semble bien que la Commission n'apporte pas de réponse générale au problème. Les critères qu'elle établit ne sont pas précis et une analyse au cas par cas sera nécessaire. Les fonds de la mer au-delà des limites de la juridiction nationale forment « la Zone » considérée comme le patrimoine commun de l'humanité[147]. Les droits d'exploitation des ressources de la Zone sont administrés par « l'Autorité internationale des fonds marins »[148].

La convention est assez précise mais elle laisse le règlement de certaines questions en suspend. Dans le cas où les espaces de souveraineté se chevauchent, comme par exemple entre la Norvège et la Russie dans la mer de Barents, un accord entre les Etats concernés est nécessaire pour fixer une délimitation maritime de ces espaces en précisant les zones d'application de la souveraineté de chacun. Dans le cas des mers territoriales, et en l'absence de titres historiques ou autres circonstances particulières,

---

[144] Voir la Partie VI. Article 76 de la Convention de Montego Bay en annexes;

[145] Directives scientifiques et technique de la Commission des limites du plateau continental, disponible à l'adresse : http://www.un.org/Depts/los/clcs_new/commission_documents.htm#Guidelines (dernière consultation le 27 décembre 2009 ;

[146] DE POOTER Hélène, L'Emprise des Etats côtiers sur l'Arctique, Editions A.Pedone, 2009 ;

[147] Voir la Partie XI de la Convention, sections 1 à 3 de la Convention de Montego Bay en annexes;

[148] Voir la Partie XI, Section 4 de la Convention de Montego Bay en annexes ;

la limite par défaut est « *la ligne médiane dont tous les points sont équidistants des points les plus proches des lignes de base définissant la largeur de la mer territoriale de chacun des deux Etats* » (extrait art 15)[149]. Mais pour la Z.E.E. et le P.C., la convention indique que la délimitation est effectuée selon l'article 83 : « *par voie d'accord conformément au droit international tel qu'il est visé à l'art 38 du statut de la CIJ, afin d'aboutir à une situation équitable* ». Sans doute faut-il souligner que dans ce dernier article, la notion de « *solution équitable* » occasionne des interprétations divergentes entre les différents Etats en fonction de situations particulières. Dans le cas où le gouvernement d'un Etat souhaiterait revendiquer une délimitation maritime sans se référer à la ligne médiane. Il serait alors dans l'obligation de démontrer que la délimitation proposée est plus équitable que la ligne médiane. Cela peut être le cas si on observe une différence marquée de longueur entre les côtes concernées ou une configuration inhabituelle de la côte ou enfin la présence d'îlots affectant considérablement le tracé de la ligne médiane.

Revendications de souveraineté étatique acceptées, pendantes et futures

Les cinq Etats riverains de l'Océan Arctique revendiquent tous une mer territoriale jusqu'à 12 M.M. et des Z.E.E. ou zones de pêche jusqu'à 200 M.M. La Norvège revendique des zones de pêche dans les secteurs de Jan Mayen et du Spitzberg plutôt que des Z.E.E. à part entière. Ces mêmes Etats semblent disposés à affirmer leur souveraineté au-delà des 200 M.M., sur les fonds marins qu'ils considèrent comme le prolongement naturel de leurs plateaux continentaux, même si pour le moment, seules la Norvège et la Russie ont soumis des demandes formelles à la C.L.P.C. en ce sens.

---

[149] Voir la Partie II, Article 15 de la Convention de Montego Bay en annexes ;

Revendications futures

Jusqu'à l'été 2008, les Etats membres de la Convention disposaient d'un délai de dix ans à compter de la date de leur ratification et/ou adhésion pour soumettre leurs demandes à la C.L.P.C., d'après les dispositions de l'article 4 de l'annexe II de la Convention. Toutefois, la préparation de tels dossiers est très longue, puisqu'elle doit comporter des données scientifiques très précises. Depuis, les Etats partis à la convention sont convenus que durant ce délai de dix ans, les Etats devaient seulement soumettre « *des informations préliminaires sur les limites extérieures proposées de leur plateau continental au-delà de 200 M.M., ainsi qu'une description de l'Etat d'avancement de leur dossier et la date de soumission prévue* ». Il n'existe donc plus de date butoir pour la soumission des demandes. Le Danemark pourrait soumettre ses revendications à la commission en 2013 et 2014. Le Canada a précisé qu'il déposerait son dossier en 2013[150]. On sait d'ores et déjà que les revendications canadiennes seront ambitieuses puisqu'au cours de sa visite à Moscou le 20 septembre 2010, le ministère des Affaires étrangères canadien a dit que la Canada considérait que la dorsale Lomonossov (disputée avec la Russie) faisait partie du territoire canadien. Il est fort probable que les revendications russes, canadiennes et danoises se chevauchent au niveau de l'océan Arctique central. Le Canada pourrait revendiquer un plateau continental au-delà de 200 M.M., jusqu'au large de l'Alaska, ce qui attise la méfiance des Etats-Unis. Mais ces derniers ne peuvent pas faire valoir des revendications divergentes car ils n'ont toujours pas ratifié la convention ! Les Etats-Unis parviennent à faire connaître leurs commentaires par le biais des Etats voisins et ils contestent par exemple, l'étendue des droits russes sur les dorsales. Cette question est très difficile à résoudre, en raison du manque de clarté de l'article 76 de la C.M.B. D'un

---

150 « *The owner of the Lomonosov Ridge* », BarentsObserver, le 20 septembre 2010, disponible en ligne sur http://www.barentsobserver.com/the-owner-of-the-lomonosov-ridge.4820721-58932.html (dernière consultation le 22 septembre 2010) ;

côté cet article semble exclure les dorsales de la marge continentale, et de l'autre, il semble autoriser les Etats à exercer leurs droits souverains sur une dorsale jusqu'à 350 M.M.

La question des souverainetés étatiques dans l'Arctique n'est pas prête d'être résolue car il faudra attendre que la Commission ait fini de statuer sur toutes les demandes pour avoir une idée claire de la répartition définitive des zones de souverainetés.

Revendications acceptées et pendantes

Les Russes ont été les premiers à présenter une demande à la C.L.P.C. en 2001, en affirmant leur souveraineté sur un vaste secteur sous-marin s'étendant jusqu'à 90° de latitude Nord qu'ils considèrent comme le prolongement de leur plateau continental[151]. Il s'agit d'un gigantesque territoire océanique ayant la forme d'un triangle dont la base s'étend de la frontière norvégienne à l'Ouest, au détroit de Béring à l'Est, soit au total 1,2 millions de Km^2[152]. A l'ouest, la frontière revendiquée par le Russie débute par une ligne droite qui part de la frontière terrestre entre la Norvège et la Russie, et qui s'étire en direction du pôle Nord. Cette revendication était très audacieuse, elle poursuivait la théorie des secteurs à partir du pôle, à laquelle la Russie est très attachée mais qui n'a pas de valeur en droit international. Cette demande a été critiquée par les autres Etats circumpolaires qui ont invoqué des fondements différents et ont fait parvenir leurs observations.

En 2001, la C.L.P.C. a refusé la demande russe et a conseillé à la Russie de présenter des données additionnelles à l'appui de sa demande. Dans son rapport du 8 octobre 2002, le

---

[151] Voir la carte de la soumission russe à la C.L.P.C. sur http://www.un.org/Depts/los/clcs_new/submissions_files/rus01/RUS_CLCS_01_2001_LOS_2.jpg ;

[152] Résumé disponible de la soumission russe sur (dernière consultation le 12 septembre 2010) : http://www.un.org/Depts/los/clcs_new/submissions_files/rus01/RUS_CLCS_01_2001_LOS_2.jpg ;

Secrétaire Général des Nations Unies a rendu public un résumé, très succinct de ses recommandations[153]. Il déclarait : *« Pour ce qui est de la mer de Barents et la mer de Béring, la Commission a recommandé à la fédération de Russie de lui communiquer, lors de l'entrée en vigueur des accords de démarcation des frontières maritimes conclus avec la Norvège dans la mer de Barents et avec les Etats-Unis dans la mer de Béring, les cartes et les coordonnées des lignes de démarcation car celles-ci constitueront les limites extérieures du plateau continental de la Fédération de Russie au-delà de 200 miles marins dans la mer de Barents et la mer de Béring respectivement »*. Il ajoute *« pour ce qui est de l'océan Arctique central, la Commission a recommandé à la Fédération de Russie de présenter un dossier révisé concernant l'extension de son plateau continental dans ce secteur sur la base des conclusions figurant dans les recommandations »*.

Comme pour souligner ses intentions, la Russie s'est lancée dans une intervention très remarquée le 2 août 2007, sous la direction d'Artour N. Tchilingarov, un proche de l'ancien Président Vladimir V. Poutine. L'opération du submersible russe « Mir 1» a consisté à planter un drapeau russe en titane à plus de 4.000 mètres de profondeur, à la verticale du pôle Nord. Bien sûr, le fait d'avoir posé ce drapeau n'a pas donné des droits de souveraineté à la Russie mais le geste a été très remarqué comme étant un marqueur des prétentions souveraines russes.

La Norvège a soumis un dossier de revendication à la C.L.P.C. en 2006 en vue de faire valoir ses droits dans trois secteurs distincts[154]. En avril 2009, la C.L.P.C. a validé la majeure partie de la demande de la Norvège. Ont été reconnus comme étant une extension du plateau continental norvégien: la Lacune de Barents dans la mer du même nom aussi appelé le « *Loop Hole* », l'Ouest du bassin de Nansen dans l'océan Arctique et la Lacune en banane dans la mer de Norvège (« *Banana Hole* »). Toutefois la

---

[153] Secrétaire Général des NU, rapport, Les Océans et le Droit de la Mer, document 1/57/57/Add.1 du 8 octobre 2002 ;

[154] Voir la carte de la soumission norvégienne sur le site www.regjeringen.no ;

Cour a indiqué que son avis concernant la mer de Barents ne résolvait pas la question de souveraineté dans la « zone disputée » avec la Russie.

Concernant le Sud de la troisième zone, le 20 septembre 2006, la Norvège, le Danemark et l'Islande ont signé un mémorandum fixant la procédure dont ils étaient convenus pour tracer les futures lignes de démarcation dans le Sud de la Lacune en banane[155]. Relativement au Nord de cette même zone, le 20 février 2006, la Norvège et le Danemark ont signé avec le Groenland un accord concernant la délimitation du plateau continental entre le Groenland et le Spitzberg qui est entré en vigueur le 2 juin 2006[156].

Dans la mer de Barents, la délimitation de la frontière maritime entre la Russie et la Norvège, qui a fait l'objet de négociations pendant près de quarante ans, a été résolue le 27 avril 2010. Toutefois les deux Etats connaissent encore un différend à propos du régime juridique de la zone du « Traité du Svalbard », ce qui est la source de nombreux problèmes notamment pour la gestion de la pêche et l'application des régimes de protection de l'environnement. Si cette région est la plus intéressante à étudier, c'est que la mer de Barents concentre des enjeux économiques considérables.

---

[155] "*Agreed Minutes on the Delimitation of the Continental Shelf beyond 200 Nautical Miles between the Faroe Islands, Iceland and Norway in the Southern Part of the Banana Hole of the Northeast Atlantic*" disponible sur le site du Ministère des Affaires Etrangères norvégien, à l'adresse: http://www.regjeringen.no/en/dep/ud/Documents/Laws-and-rules/retningslinjer/2006/Agreed-Minutes.html?id=446839 (dernière consultation 23 décembre 2009) ;

[156] Agreement between the Kingdom of Denmark and the Kingdom of Norwav concerning the delimitation of the continental shelf in the area between Jan Mayen and Greenland and concerning the boundaries between the fishery zones in the area. 18 Décembre 1995, disponible sur le site de « Arctic Governance », à l'adresse http://faolex.fao.org/docs/pdf/bi-22365.pdf , dernière consultation le 23 décembre 2009 ;

La raison juridique pour laquelle, pendant près de quarante ans, la Russie et la Norvège ne parvenaient pas à conclure un accord quant à la frontière entre leurs plateaux continentaux respectifs, était que, l'article 83 de la C.M.B ne propose pas de méthode de délimitation précise du P.C.[157]. La Russie interprétait la « solution équitable » de l'article 83 par le recours à la théorie des secteurs alors que la Norvège appliquait le principe de la ligne médiane. Au final, les zones revendiquées par les deux Etats se chevauchaient sur un espace appelé la « zone disputée » dont la surface était de 175.000 km².

Dans le « Traité entre le Royaume de Norvège et la Fédération de Russie concernant la délimitation maritime et la coopération dans la mer de Barents et l'océan Arctique » qui a été signé entre les Russes et les Norvégiens, le 15 septembre 2010 à Mourmansk[158], la zone disputée dont la surface était de 175.000 km² est partagée en deux et la frontière maritime passe au milieu, soit une solution qui est assez favorable à chacune des parties. Dès lors, les deux Etats pourront débuter l'exploitation des ressources contenues sur leurs zones respectives de souveraineté et trouver un règlement définitif pour la gestion de la pêche qui pose toujours problème.

---

[157] Arrêt CIJ du 3 juin 1985, *Affaire du plateau continental Libye/Malte*, recueil 1985, §28, « [*l'article 83] fixe le but à atteindre mais [il] est muet sur la méthode à suivre pour y parvenir* » ;

[158] Voir le traité en intégralité en anglais sur le site du ministère des Affaires étrangères norvégien : http://www.regjeringen.no/upload/SMK/Vedlegg/2010/avtale_engelsk.pdf (dernière consultation le 22 septembre 2010) et voir la carte sur le site du ministère des Affaires étrangères norvégien sur http://www.regjeringen.no/upload/UD/kart/kart_100914_ny.gif (dernière consultation le 22 septembre 2010) ;

Poids de la phase diplomatique pour la fixation des frontières maritimes

Dans tous les cas, l'approbation de la C.L.P.C. ne signifie pas que l'ONU avalise les revendications des requérants mais qu'à ses yeux l'extension physique du P.C. est légitime en vertu de données géologiques, géophysiques et hydrographiques. La C.L.P.C. ne se mêle pas des chevauchements des revendications et il appartient ensuite aux pays riverains de définir leurs frontières communes. Si aucun accord n'était trouvé entre les Parties alors le différend serait porté devant la Cour Internationale de Justice (dorénavant mentionnée C.I.J.) ou un arbitre. En effet, il n'y pas d'autorité suprême en matière de frontières maritimes comme terrestre.

Comme nous venons de le voir, la Russie et la Norvège connaissaient un différend juridique à propos du tracé de leur frontière maritime commune. Etant donné que dans la « zone [anciennement] disputée » et plus globalement dans la mer de Barents, les ressources halieutiques sont très abondantes et que l'activité de pêche est importante pour les deux Etats, les autorités norvégiennes et russes avaient conclu en janvier 1978 une entente sur le régime de pêche dans la zone en litige dite « zone grise », de 66.800 km² qui comprenait 41.400km² de Z.E.E. contestée, 22.600 km² de Z.E.E. norvégienne non contestée et 2.800 km² de Z.E.E. russe non contestée. Dans cette « zone grise », la Norvège et la Russie exerçaient leur juridiction sur leurs navires de pêche respectifs. Cet accord était renouvelé annuellement en attendant le règlement définitif du différend maritime et frontalier[159]. Même si la « zone grise » ne coïncide pas avec la zone anciennement contestée, il est certain que le règlement de la question de la délimitation de la frontière qui vient d'être trouvé, va entraîner l'abolition du système de la zone grise.

---

[159] "*Extension of the Grey Zone agreement*" sur Barents Observer, le 2 juillet 2009, disponible en ligne sur http://www.barentsobserver.com/extension-of-the-grey-zone-agreement.4611862-116320.html (dernière consultation le 2 janvier 2010) ;

Le différend juridique entre la Russie et la Norvège concernant la délimitation frontalière dans la « zone contestée » devenait de plus en plus pressant à résoudre ces derniers mois. Les deux Ministres des Affaires Etrangères russe et norvégien qui ont une très bonne relation et sont très favorables au développement de la coopération, ont certainement beaucoup contribué à l'adoption d'un accord relatif à ce différend. La Russie et la Norvège s'étaient engagées dans des activités d'exploitation des hydrocarbures proche de la « zone disputée » mais, en attendant la résolution globale du différend, les deux parties étaient tenues par un moratoire selon lequel elles s'engageaient à ne pas explorer, ni exploiter les gisements dans la zone contestée. Les pays scandinaves tout autant que la Russie souhaitaient voir le différend se régler par l'adoption d'une solution cordiale qui soit la plus favorable possible pour chacun. Bien que la Russie ne fût manifestement pas pressée de voir ce différend se résoudre, il n'en reste pas moins qu'elle était très attachée au fait que cette région reste calme et pacifique. Nombre des frontières russes sont instables et il est certainement très important pour la Russie de préserver la stabilité géopolitique de cette aire régionale.

En juillet 2007, les deux Etats avaient signé un accord sur la délimitation de leur frontière commune dans la zone de Varangerfjorden, située entre la frontière terrestre et le sud de la zone grise. A cette date, le Ministre norvégien des Affaires Etrangères, Jonas Gahr Støre avait déclaré que le processus et l'accord qui avaient été trouvés allaient contribuer positivement aux efforts pour obtenir un accord global sur la zone contestée de la mer de Barents[160], mais depuis 2007, aucune avancée majeure n'avait été réalisée. Ces derniers mois, une rumeur circulait toutefois selon laquelle une solution aurait été trouvée. Les diplomates norvégiens soulignent que les deux parties avaient de très solides arguments fondés en droit international. Ils saluent la

[160] Communiqué de presse « *Varangerfjord-avtalen undertegnet* » du 11 juillet 2007, disponible en ligne en norvégien sur http://www.regjeringen.no/nb/dep/ud/Pressesenter/pressemeldinger/2007/Avtalen-mellom-Norge-og-Russland-om-avgr.html?id=476347 (dernière consultation le 27 mars 2010) ;

qualité des négociateurs russes et norvégiens et le rôle considérable qu'ils ont joué pour parvenir à un accord. Rune Rafaelsen, le chef du secrétariat norvégien sur Barents estimait que la nouvelle serait peut-être même annoncée par Dimitri A. Medvedev à l'occasion de sa prochaine visite d'Etat à Oslo le 26 avril 2010[161], et c'est en effet, ce qui s'est produit.

Il faut souligner toutefois que l'accord n'a pas encore été ratifié ni par la Douma russe, ni par le Storting norvégien. D'après les diplomates norvégiens, cette étape devrait avoir lieu rapidement mais il ne faut pas la sous-estimer car, dans le cas du détroit de Béring, la Douma n'a, jusqu'à aujourd'hui, encore jamais ratifié l'accord qui avait été trouvé avec les américains en 1989.

Il faut insister sur le fait que la zone contestée concentrait des intérêts économiques très importants qui rendaient les négociations très délicates. Toutefois leur faible contenu symbolique à aussi contribué à créer un environnement constructif et pragmatique de négociations sans lequel aucune solution au différend n'aurait jamais pu être trouvée. Les activités d'exploration des hydrocarbures ont débutées dans les années 1970 dans la partie russe de la mer de Barents et en 1980 dans la partie norvégienne[162]. Côté norvégien on compte trois champs principaux : Snøhvit, Goliat et Nucula. La partie russe de la mer de Barents contient des gisements géants comme Chtokman, Ledovoye et Ludovskoye. En 2006, les estimations faisaient état de 5 600 millions de tonnes équivalent pétrole dans la mer de Barents dont 80% étaient situés dans les zones de souveraineté russe. Même l'annonce de la création du consortium franco-russo-norvégien pour exploiter Chtokman en 2007 n'avait pas eu de

---

161 « *Barents Sea deal could come soon* », 7 avril 2010, sur Barents Observer, consulter en ligne en anglais sur : http://www.barentsobserver.com/barents-sea-deal-could-come-soon.4768034-116320.html (dernière consultation le 12 septembre 2010) ;

162 AUSTVIK Ole Gunnar, « Oil and Gas in the High North – A Perspective from Norway ». The Norwegian Atlantic Committee's Security Policy Library, n°4, disponible en anglais sur http://www.kaldor.no/energy/berlin20060315-barents.html (dernière consulation le 27 mars 2010);

conséquences sur le dossier. Et ce, alors que le Kremlin avait publié un communiqué de presse indiquant *« sa confiance que la coopération russo-norvégienne sur ce projet ambitieux va jouer comme un nouvel élan pour la coopération bilatérale dans d'autres domaines »*[163].

Poids de la coopération régionale nouée entre les Etats scandinaves et la Russie au sortir de la Guerre froide

Depuis la fin de la guerre froide et l'effondrement de l'URSS, les pays scandinaves ont souhaité créer un réseau institutionnel puissant liant leurs pays entre eux et à la Fédération de Russie. Il faut souligner que la Russie entretient des rapports très divers avec ses trois voisins scandinaves. Avec la Norvège, l'entente est très bonne et les contacts et coopérations sont nourris même si les deux pays connaissent encore un différend juridique important. Avec la Finlande, bien que les contacts soient très nombreux et notamment les échanges de populations, la relation reste un peu crispée du fait de l'héritage historique lourd que connaissent les deux voisins, notamment datant de l'époque de la deuxième guerre mondiale puis de la guerre froide. Avec la Suède enfin, la Russie entretient une relation très fraîche car cet Etat le considère comme un voisin par trop instable et non-démocratique.

Dans le contexte post-soviétique, la Russie et ses voisins scandinaves ont saisi l'opportunité de régler leurs différends économiques et géopolitiques, non pas dans une atmosphère de suspicion mutuelle et de défiance, voire de confrontations militaires mais sur la base de la convergence entre leurs intérêts

---

[163] Communiqué du 25 octobre 2007 intitulée « *Vladimir Putin had a telephone conversation with Norwegian Prime Minister Jens Stoltenberg*" publiée sur le site official du Président russe et disponible en anglais à l'adresse http://eng.kremlin.ru/text/news/2007/10/149321.shtml (dernière consultation le 27 mars 2010) ;

nationaux. Ces coopérations sont un moyen pour les pays scandinaves d'espérer mieux encadrer et contrôler le comportement de la Russie. Ces pays qui sont de petits Etats comparés au gigantisme de l'Etat russe préfèrent, suivant un raisonnement géopolitique inspiré de l'école réaliste, adopter la voie de coopérations multilatérales dans laquelle la Russie aurait une position moins proéminente. La Russie, comme toute grande puissance –ou en voie de le redevenir- préfère à l'inverse traiter en bilatéral avec chacun de ses partenaires. Ainsi la Norvège a été à l'initiative de nombreuses coopérations dans la région arctique que la Russie a le plus souvent ralliées sans grand enthousiasme.

De nombreuses organisations intergouvernementales ont ainsi vu le jour : le Conseil euro-arctique de Barents (dorénavant mentionné C.E.A.B. créé en 1993), le Conseil Nordique (1996), le Conseil des États de la Mer Baltique (1992), le Conseil Arctique (1996). Ce dernier est de loin le plus actif de tous les organes de coopération dans l'Arctique pourtant son action est quelque peu limitée par le fait qu'il ne peut pas prendre de décisions mais seulement des recommandations que les Etats membres appliquent selon leur bon vouloir. Toutes ces organisations promeuvent un renforcement de la coopération entre les pays de l'espace concerné. En effet, tous les acteurs de la région, y compris la Russie ont pris conscience de la nécessité de coopérer pour régler les grands défis, notamment environnementaux mais aussi sociaux et stratégiques auxquels ils sont confrontés. Elena Andreeva[164] soulignait que si le Conseil de la mer Baltique faisait de la sécurité collective un de ses objectifs primordiaux, le Conseil arctique, pour sa part, unissait les États scandinaves, la Russie, le Canada, les Etats-Unis et l'Islande, en focalisant l'attention de ses membres sur la protection de l'environnement et visant à améliorer les aspects sociaux, sanitaires et éducatifs d'une région qui couvre au total 1,5 million de km². Le C.E.A.B. est issu d'une initiative norvégienne et aurait du mener à une union entre l'U.E. et la Russie. Mais cette idée a échoué à cause du résultat négatif au référendum norvégien de

[164] Entretien téléphonique de F. Costadau avec Elena ANDREEVA de l' « Institute for System Studies » - ISA RAS, le 20 décembre 2009 ;

1992 sur l'entrée dans la Communauté Européenne[165]. Néanmoins, le Conseil témoigne d'un intérêt majeur pour la spécificité des relations créées entre Scandinaves et Russes. Son but est de favoriser les contacts entre individus, de contribuer au développement économique et de créer des conditions favorables aux échanges interrégionaux. En cela, il se rapproche des ambitions de la « Dimension Septentrionale », lancée en 1997, et qui regroupe l'Union européenne, la Russie, l'Islande et la Norvège, dans le but de promouvoir des projets communs et l'amélioration des conditions de vie des populations installées dans les zones frontalières.

La politique de la « Dimension Nordique » (dorénavant mentionnée D.N.) a été formalisée en 1999 avec la participation de la Norvège, de l'Islande, des Etats Membres de l'U.E. et de la Fédération Russie. Géographiquement cette politique est un outil majeur de la politique européenne dans les parties les plus septentrionales de l'U.E. La D.N. se focalise surtout sur le Nord Ouest de la Russie, Kaliningrad, les mers Baltique et de Barents, les régions arctiques et sub-arctiques. Cette politique a été formalisée durant la présidence finlandaise tournante de l'U.E. en 1999. En 2006, la Russie, l'Islande et la Norvège sont devenues des membres égaux de la D.N. avec l'adoption de la deuxième mouture du document. Les principaux objectifs de cette politique sont de proposer un cadre commun pour la promotion du dialogue et de la coopération, pour renforcer la stabilité et la prospérité, pour intensifier la coopération économique, pour promouvoir l'intégration économique, la compétitivité et le développement durable dans le Nord de l'Europe. La D.N. opère essentiellement par le biais de partenariats. Par exemple, en 2008, a été établi le partenariat sur les transports et la logistique ; deux autres partenariats sont toujours en cours, l'un sur la santé et l'autre sur le bien-être social.

---

165 Entretien de F. Costadau, au Ministère des affaires étrangères norvégien avec Jostein MYKLETUN, Ambassadeur et Conseiller Spécial et Manager pour le Projet du Grand Nord, le 23 février 2010 ;

Le C.E.A.B. se présente comme un forum international de coopération. Les décisions au sein de l'organisation sont prises par les ministres des Affaires étrangères des Etats membres sur la base du consensus. L'application pratique de ces principes aide les membres permanents à se concentrer, par une coopération volontaire, sur des problèmes qui reflètent leurs intérêts communs et convergents. Une telle coopération pose les bases pour le développement d'une relation plus intégrée entre les membres et contribue à maintenir un climat politique favorable. Le développement, en commun, d'un réseau de transport et communication dans la région participe à cette démarche.

En 1998, à Copenhague, les Etats membres du C.E.A.B ont signé un mémorandum d'entente mutuelle sur le développement de l'aire de transport euro-arctique de Barents. Le programme d'action adopté alors, comportait des projets prioritaires dans différents champs du transport et de la communication ainsi que la modernisation des routes et des points de contact frontaliers. Le but principal de ce projet était de créer un système de transport intégré dans la région et cela ne peut être accompli sans le développement de la coopération trans-frontalière. Dans ce contexte, des facilités de transport vont être mises en place et le régime des visas a été facilité sans oublier que les infrastructures dans les zones frontières ont été modernisées.

Etant donné que la région est particulièrement riche en ressources halieutiques et hydrocarbures, la Russie cherche à développer des infrastructures de transport dans toutes les directions possibles. Cette question est l'un des enjeux géopolitique les plus importants pour la Russie à l'heure actuelle. Un complexe portuaire majeur pour le chargement et le transfert de cargos via la mer Baltique jusqu'à Kaliningrad est en train d'être construit près de Saint Petersburg. Les ports non englacés de la péninsule de Kola dirigés vers le nord de l'océan atlantique et le complexe portuaire d'Arkhangelsk sont des atouts importants côté russe. Une utilisation active de leurs capacités et l'installation de centres de logistique pour le transport permettrait à la Russie d'avoir un accès direct toute l'année aux marchés européens et globaux en évitant le transit par la mer Baltique. Dans ce contexte, la réalisation du réseau de transport du C.E.A.B. acquiert pour la Russie une signification hautement stratégique à long terme.

Grâce aux diverses instances de coopération que nous avons présenté, les coopérations scientifiques se sont multipliées et les instituts scientifiques russes et scandinaves mènent, par exemple, un projet de collaboration sur l'étude de la vie marine en mer de Barents. Les nombreuses missions océanographiques visent à estimer la diversité de la faune aquatique afin de créer une base de données. Elles ont pour but d'étudier des déplacements des populations halieutiques entre la mer de Barents et l'océan Atlantique. Cette question est d'un intérêt considérable à l'heure actuelle car les stocks de poisson se déplacent du fait du changement des courants marins provoqués par le réchauffement climatique et la modification de la salinité de l'eau des océans. Cela entraîne un déplacement des zones de pêche et exige une adaptation du contrôle et de la réglementation.

Globalement, les Scandinaves ont l'intime conviction que l'intégration régionale de la Russie constitue la meilleure garantie de sa stabilité au sein de la sphère occidentale. Cette démarche s'inscrit dans la tradition politique scandinave qui consiste à maintenir des relations privilégiées avec l'ensemble des partenaires régionaux. Les Scandinaves estiment, d'après Florian Vidal[166], avoir pâti de la Guerre froide qui les a amenés à jouer la stratégie de l'équilibre, afin d'éviter de froisser les intérêts américains autant que soviétiques.

Durant la guerre froide, la Norvège avait une position très particulière et assez inconfortable car elle était à la fois signataire de la charte de l'OTAN dès 1949 et frontalière de l'URSS avec laquelle elle ne souhaitait pas entretenir des rapports dégradés. Peut-être, était-ce justement, le fait d'être membre de l'OTAN qui lui avait permis de garder son indépendance après la deuxième

[166] VIDAL Florian « *Russie-Scandinavie : coopération pour le partage de l'Arctique* », le 15 octobre 2007, disponible sur le site de la Revue des Regards sur l'Est, à l'adresse : http://www.regard-est.com/home/breve_contenu.php?id=770 (dernière consultation le 27 décembre 2009) ;

guerre mondiale[167] ? Les troupes de l'armée rouge ont libéré la Norvège mais ne sont pas restées comme ce fut le cas en Europe de l'Est et il ne s'est pas opéré non plus de « finlandisation » à savoir « *un Etat qui, pour prix de relations pacifiques avec son principal voisin, aurait aliéné sa liberté* »[168]. Les Norvégiens eux-mêmes ne savent pas si cela est du à leur statut de membres de l'OTAN ou au fait que l'URSS n'avait pas d'intérêts majeurs dans la région.

Tout au long de la guerre froide, le Norvège a adopté une position prudente vis-à-vis de la Russie, en évitant tout acte qui aurait pu la provoquer. Craignant une riposte soviétique, la Norvège avait par exemple refusé le stationnement de troupes américaines sur son territoire. Aujourd'hui la Norvège est toujours dans une position assez inconfortable car elle essaye de protéger ses intérêts à la fois contre la Russie et contre certains de ses alliés occidentaux à propos du Spitzberg[169], tout en gardant de bonnes relations avec chacun.

L'émergence de la coopération développée dans la région depuis le début des années 1990 résulte de la volonté norvégienne d'établir des liens de confiance avec le grand voisin russe. Oslo, qui mène une politique active sur le plan international, continue à vouloir entretenir des relations de bon voisinage avec la Russie. Les Norvégiens concentrent leurs efforts sur la coopération environnementale, économique et énergétique dans le cadre d'une stratégie qui vise notamment à désamorcer les possibles sources de tensions. Ainsi, de nombreux accords ont été signés entre les deux parties sur la délimitation temporaire de leurs zones de pêche respectives et sur la dépollution nucléaire. Alors que l'ensemble des pays scandinaves souhaitent trouver un accord avec la Russie

---

[167] Question soulevée et non tranchée par avec Mme Mari OLSEN et Mme Barbro HUGAAS, au cours d'un entretien au Ministère de la Défense norvégien, le 24 février 2010, Oslo ;

[168] Finlande, « finlandisation, Union soviétique, par Jacques Arnault, l'Harmattan, 1981, p 14;

[169] URGAARD, Nils Morten, (2008a) « *Nordomradene utfordrer Norge* ». Rapporté par Havard Figenschou Raaven dans "*Hydrocarbons and jurisdictional disputes in the High North. Explaining the rational of Norway's High North policy*", 2008, FNI ;

sur cette question, les autorités norvégiennes, à l'écoute de leur population inquiète, tiennent tout particulièrement à œuvrer au renforcement de la coopération régionale sur cette question. Le gouvernement norvégien, en développant la coopération en matière de sécurité nucléaire, vise deux objectifs concomitants : protéger la santé, l'environnement et l'activité économique et, empêcher les vols de matières radioactive et fissile. Ainsi la coopération avec la Russie est cruciale dans la zone et d'ailleurs ses résultats sont plutôt encourageants.

C. La mer de Barents : une zone géopolitiquement stable malgré la perpétuation de différends économiques, juridiques et politiques

S'il n'est pas envisageable de concevoir qu'un conflit ouvert entre la Russie et la Norvège puisse se produire, il n'en reste pas moins que les deux Etats connaissent plusieurs différends juridiques dont les enjeux sont importants et notamment en termes financiers. Les questions de pêcheries sont concernées au premier chef et même si, pour le moment, elles sont relativement bien gérées, c'est potentiellement un sujet de frictions. La Russie et la Norvège agissent dans l'Arctique selon des postures différentes et très particulières à chacune. Entre les Russes et les Norvégiens, la place et le rôle de l'OTAN dans l'Arctique reste un sujet important de désaccord.

La question des pêcheries dans la mer de Barents

La question des ressources halieutiques et notamment de la morue est de très grande importance pour la Russie et la Norvège. Les deux Etats cherchent fermement à défendre leurs intérêts de pêche dans la région. Les désaccords bilatéraux sur les frontières maritimes et le statut des aires de pêche n'ont pour le moment, pas conduit à des confrontations ouvertes entre les gardes-côtes ou les forces navales russes et norvégiennes. Toutefois, comme le souligne Kristian Atland[170], aucun des deux Etats ne semble exclure la possibilité théorique d'un tel développement dans le cas d'une infraction inacceptable pour leur souveraineté nationale ou de leurs droits souverains dans la région.

La gestion concertée des ressources marines dans la mer de Barents a été l'objet d'une gestion conjointe en vigueur depuis environ trente ans entre la Norvège et la Russie/URSS. Mais dans les années 2000, le problème de la pêche illégale, non signalée et non-régulée a pris une telle proportion qu'elle menaçait de détruire les stocks de poisson et de mettre en danger le régime commun de gestion russo-norvégien dans la mer de Barents. Des mesures de contrôle plus strict ont été prises par les gardes côtes norvégiens, notamment dans les eaux entourant l'archipel du Spitzberg. Mais visiblement la pêche illégale dans les zones protégées ne baisse pas, elle aurait même tendance à augmenter ces derniers temps[171]. En 2008 et 2009, ce sont près de dix-sept chalutiers étrangers qui ont été arrêtés par les gardes côtés norvégiens chaque année. En 2009, onze de ces chalutiers étaient russes. Mais le cas le plus grave était un chalutier portugais qui avait « oublié de mentionner » 162 tonnes de morue et qui a été puni d'une amende de 500.000 Euros. Encore, le 6 mai dernier, un chalutier russe le « *Viking* » a été arrêté au large du Spitzberg et poursuivi pour suspicion de pêche frauduleuse après avoir été escorté jusqu'à Tromso par les gardes côtes norvégiens[172].

---

[170] ATLAND Kristian, "*Russia, the Barents Sea, and the Arctic: From Cold War to Petroleum Bonanza?*" in Bertil Nygren, Bo Huldt, Patrik Ahlgren, Pekka Svionen & Susanna Huldt (eds.) : "*Russia on Our Minds: Russian Security Policy and Northern Europe*", Strategic Yearbook 2008-2009. Stockholm: National Defence University 2010, pp. 111-132;

[171] "Fish fraud intensifying", le 12 novembre 2009, Barents Observer ;

[172] « *Российские рыбаки отвергают обвинения в нелегальном промысле",* 11 mai 2010, disponible sur http://fishonline.ru/content/view/2672/1/ (dernière consultation le 27 mai 2010) et "*Norwegian coast guard detains Russian trawler*" et "*Russian trawler released – owner rejects accusations on poaching*" les 7 et 12 mai 2010 dans Barents Observer, disponible sur http://www.barentsobserver.com/index.php?id=4783486&xxforceredir=1&noredir=1 (dernière consultation le 27 mai 2010) ;

La zone de protection de la pêche du Spitzberg est une zone de 200 M.M. de juridiction de pêche non-discriminatoire autour de l'archipel, établie par le gouvernement norvégien en 1977. Comme nous l'avons vu, la Russie et avant elle, l'URSS avait protesté contre son établissement et argumenté que la Norvège n'avait pas le droit de prendre de telles mesures car elle considérait que le régime du «Traité du Svalbard» s'appliquait sur l'Archipel, la mer territoriale qui l'entoure et aussi la Z.E.E., soit jusqu'à 200 M.M. La Norvège, pour sa part, considère que le traité ne s'applique qu'à l'Archipel et à la mer territoriale et, que sur la Z.E.E. c'est la législation norvégienne classique qui est vigueur. Toutefois, les mesures de contrôle et de réglementation de la zone, qui sont basées sur un objectif de conservation et de gestion des besoins ont généralement été bien respectées par les autres nations, même par la Russie. Les vaisseaux de pêche russes qui opèrent dans la zone autorisent la montée des inspecteurs des gardes-côtes norvégiens à bord et leur fournissent, sans hésiter, les informations nécessaires. Kristian Altand souligne toutefois qu'ils ne signent pas les protocoles d'inspection norvégiens qu'ils considèrent comme illégaux.

En avril 2001, le chalutier *Tchernigov* a été arrêté par les gardes-côtes norvégiens dans la zone du Spitzberg et escorté jusqu'à Tromsø, en territoire norvégien où le capitaine a été accusé de graves violations aux régulations de pêche. C'était la première fois que de telles mesures étaient prises à l'encontre d'un vaisseau russe de pêche dans la zone. Cette opération a bien évidemment provoqué des réactions de mécontentement en Russie. Le gouvernement russe a répondu un mois plus tard, en envoyant le destroyer *Severomorsk* dans la zone du Spitzberg pendant une période de dix jours *pour « protéger les vaisseaux de pêche russes des gardes-côtes norvégiens »*[173]. Cet exemple rare de démonstration de force de la part des russes était certainement fait pour envoyer un signal aux décisionnaires politiques norvégiens

[173] GETMANSKI Konstantin, CHARODEYEV Gennadiy et CHUYKOV Aleksandr (2002) "*Voennye moryaki pomogut rybakam*" [The Navy Helps the Fishermen]. *Izvestia*, 22 June. Cité par Kristian Atland (ib idem);

lesquels, pour leur part, se sont bien gardés de renchérir mais également pour envoyer un signal fort à la population russe, montrant que la Russie ne se laissait pas faire.

Comme l'analyse Kristian Atland, le risque d'une « guerre du poisson » dans la partie européenne de l'Arctique est largement surestimé. Les vues peuvent être divergentes sur la question des frontières et de la juridiction mais il y a un grand scepticisme en Russie et en Norvège à l'idée de résoudre de telles disputes par des moyens militaires. D'ailleurs, depuis l'incident de l'*Elektron* survenu en 2005, plus aucune opération des gardes côtes norvégiens contre un chalutier russe n'a provoqué d'escalade. Mentionnons, donc, l'incident du chalutier *Elektron*[174] survenu en 2005 qui est très caractéristique de l'évolution des relations norvégiennes.

Ce chalutier russe commandé par le capitaine Yarantsev avait refusé d'être arrêté par les gardes côtes norvégiens pour avoir pêché illégalement dans une zone de pêche protégée dans l'archipel du Spitzberg et avait fui avec les deux inspecteurs norvégiens des gardes côtes toujours à bord, pour se réfugier dans les eaux territoriales Russes. La flotte russe du Nord n'a joué aucun rôle dans cet épisode et les gardes-côtes norvégiens ont fait tout ce qui était en leur pouvoir pour éviter un recours à la force excessif contre le chalutier russe malgré la gravité des violations. Les Norvégiens disent même qu'ils auraient pu arrêter le chalutier avant qu'il n'atteigne les eaux territoriales russes mais qu'ils n'ont pas voulu le faire car les conditions météorologiques étaient mauvaises. Ce prétexte est un moyen pour la Norvège, sans perdre la face, de justifier le fait qu'elle n'ait pas arraisonné le chalutier, ce qui aurait beaucoup envenimé l'affaire. Plutôt que de transformer cet épisode entre une question sécuritaire, la Norvège et la Russie se sont comportées de manière à faire des-escalader le conflit, en reconnaissant la dimension illégale de la fuite et en faisant des efforts pour aborder le problème sous-jacent de la pêche illégale dans la mer de Barents. Le dossier a été conclu par la

---

[174] ALTLAND Kristian (2009) "*When Security Speech Acts Misfire*: Russia and the *Elektron* Incident". *Security Dialogue*, Vol. 40, No. 3;

décision des autorités russes de s'acquitter d'une amende de 100.000 roubles pour pêche illégale. Le capitaine Yarantsev a été acquitté des charges de kidnapping qui pesaient du lui. En 2009, cet ancien capitaine de navire communiste a été élu Maire de Teriberka, la ville qui va servir de hub pour le gisement gazier de Chtokman, entamant par la même une carrière politique tout à fait nouvelle pour lui. Ce clin d'œil n'est certainement pas pour plaire aux norvégiens ! Toutefois, il n'est pas certain que sa carrière politique fasse long feu car il est déjà attaqué en justice pour avoir négligé ses fonctions officielles[175].

Les racines de l'épisode de *l'Elektron* et des échanges diplomatiques consécutifs sont la différence d'interprétation que font les deux pays du statut légal de la zone de protection de pêche du Spitzberg que nous mentionnions ci-dessus. Dans le cas du chalutier *Elektron*, il y avait un grand risque que la dispute n'amène à une option sécuritaire de la part des décisionnaires russes. Cela n'a pas été cas, même si cet incident a tout de suite pris une grande place dans le débat public russe. Les reportages montrés à la télévision russe étaient clairement anti-norvégiens et soutenait le capitaine Yarantsev. L'intention d'arrêter le chalutier russe a été vue par la Russie, comme une grave entrave à la liberté de navigation et comme une menace sur les intérêts économiques russes dans la zone. Les réactions des institutionnels russes, à savoir la flotte russe et les gardes-frontière du F.S.B., ont été très mesurés et nombre d'entre eux ont suivi la ligne définie par le Ministre de la Défense de l'époque, Sergueï B. Ivanov qui expliquait que cet incident ne constituait pas une menace pour les relations russo-norvégiennes. Le Ministre russe des Affaires étrangères Sergueï V. Lavrov a reconnu qu'ils se trouvaient confrontés à une situation de crise qui montrait que la Russie n'avait jamais été en accord avec les paramètres définissant la zone du Spitzberg. La position de Sergueï V. Lavrov, selon laquelle la Russie n'avait jamais donné son assentiment aux paramètres de la

---

[175] "*Prosecutor charged Teriberka mayor*", le 18 mai 2010 sur Barents Observer, disponible en ligne en anglais sur http://www.barentsobserver.com/prosecutors-charged-teriberka-mayor.4784725-116320.html (dernière consultation le 22 mai 2010) ;

zone de protection de pêche dans le Spitzberg, peut certainement être interprétée comme un signe de sympathie à l'égard de l'industrie de pêche russe qui a tenu dans cette affaire les propos les plus violents. Dans le cas de *l'Elektron*, le discours sécuritaire en Russie est tombé à plat car les acteurs les plus vindicatifs, c'est-à-dire les industriels de la pêche, n'ont pas été capables de convaincre les personnages clés, à savoir le Ministre des Affaires étrangères, les dirigeants du F.S.B. et le Ministre de la Défense, de l'existence d'une menace réelle.

Dans une certaine mesure, la stratégie russe de « non-sécurisation » adoptée en octobre 2005 répond à une approche similaire du côté norvégien. Trois aspects du comportement norvégien ont contribués à une évolution modérée de la situation. Tout d'abord, le non-recours à la force par les militaires norvégiens, ensuite, l'insistance sur le fait que cette question était une dispute isolée et qu'elle n'engageait pas les deux Etats face à face et enfin, l'effort pour criminaliser la question plutôt que de prêter attention au problème global de la gestion de la pêche dans la mer de la Barents. Ainsi, on peut retenir que le discours sécuritaire ne conduit pas nécessairement à une escalade des tensions voire à un recours à la force.

Malgré l'interprétation divergente entre la Norvège et la Russie à propos du statut de la zone du Spitzberg, il n'y a pas d'exemples dans le passé de recours à la force par les gardes-côtes norvégiens contre les chalutiers russes. Très avisés de la position russe, les Norvégiens ont longtemps poursuivi une stratégie de contrainte modérée (« *gentle enforcement* ») vis-à-vis des vaisseaux russes, ce qui a contribué à ce que la crise reste d'ampleur limitée.

Si une guerre du poisson ne semble visiblement pas envisageable entre les Russes et les Norvégiens qui adoptent une attitude très pragmatique. Il faut toutefois garder à l'esprit que la situation pourrait évoluer très rapidement car les stocks de poissons se déplacent, sous la pression de réchauffement de la température des océans et du changement de la salinité des eaux. Ces données nouvelles sont susceptibles d'avoir une incidence importante sur les rapports russo-norvégiens.

Postures russe et norvégienne dans la mer de Barents

Si l'exploitation des ressources gazières dans la mer de Barents va nécessairement occasionner des coopérations entre russes et norvégiens, il n'en reste pas moins que la relation diplomatique entre les deux Etats est pour le moins très ambiguë. La relation russo-norvégienne est très asymétrique et c'est en partie ce qui lui donne ce caractère particulier. La Norvège est un Etat puissant car c'est un Etat riche, membre de l'OTAN et bien intégré dans de nombreux réseaux de coopération internationale. Mais, c'est un Etat tout petit, comparé à son gigantesque voisin russe qui a une superficie approximativement cinquante deux fois plus grande.

La Russie est un Etat à nouveau puissant (après la décennie noire des années 1990) du fait de l'exploitation de la rente gazière et pétrolière et qui cherche à reconstituer pleinement sa grande puissance passée. La Russie est toutefois consciente de son isolement diplomatique et de sa grande fragilité économique, du fait du manque de diversification de son économie. Alors que les Russes modernisent leur flotte et se font plus menaçants en paroles qu'en actes, les Norvégiens tentent de rester fermes sur leurs positions, en évitant notamment, toutes les occasions de répondre aux provocations russes.

La Russie passe à l'action dans l'Arctique

On observe une constante dans le discours politique et diplomatique russe qui consiste à dire que tous les Etats occidentaux sont alliés contre la Russie parce que celle-ci ne partage pas d'intérêts communs avec ceux-là. Il est difficile de dire jusqu'à quel point ce discours témoigne d'un sentiment sincèrement partagé par les Russes ou s'il n'est pas d'avantage l'expression d'une posture victimaire dont les Russes eux-mêmes ne seraient pas dupes. Les Russes sont persuadés, et pas forcément à tort, que les Etats occidentaux veulent les maintenir dans un certain état de faiblesse qui les rend moins dangereux. Dans tous les cas, quelles soient vraies ou pas, ces perceptions existent certainement du côté russe et elles orientent le comportement du pays. Ainsi toute présence occidentale étrangère dans le grand Nord, particulièrement militaire est vue comme une preuve de défiance à l'égard de la Russie, comme l'indication d'un agenda anti-russe.

On peut relever des éléments de continuité entre l'approche russe actuelle et celle de l'époque soviétique à propos de l'affirmation de l'importance des atouts du grand Nord, notamment dans le domaine stratégico-militaire. Comme le souligne Katarzina Zysk[176], la chute de l'URSS, qui a occasionné la réduction de l'accès russe aux mers Baltique et Noire, a renforcé le potentiel stratégique du grand Nord. Les militaires sont considérés comme une pièce majeure dans l'effort russe pour regagner un statut de grande puissance, avec un rang et une influence appropriés sur les affaires mondiales. Avec la période d'embellie de l'économie russe, due aux prix élevés des matières premières, la Russie a pu conduire de nouveaux projets militaires et les forces armées ont bénéficié de dotations importantes depuis le début de la présidence de Vladimir V. Poutine. L'un de ces projets est la renaissance de la marine russe dans la perspective d'exploiter d'avantage le potentiel arctique que nous avons détaillée.

Les ambitions militaires russes ont été confortées par des manœuvres navales de haut niveau qui visaient à assurer la présence russe dans les aires d'opération stratégique des océans du

---

[176] ZYSK Katarzyna, "*Russia and the high north: Security and defense perspectives*", Security Prospects in the High North: geostrategic Thaw or Freeze?, NATO Defense College, 2009, p 110, disponible en ligne sur http://www.geopoliticsnorth.org/index.php?option=com_content&view=article&id=58&Itemid=41 (dernière consultation le 10 avril 2010);

monde[177] d'après les propos du commandant de la flotte du nord, le vice-amiral Nikolaï Maksimov. Ces efforts doivent être placés dans le contexte plus large de la volonté de l'ancien Président, Vladimir V. Poutine, au cours de son second mandat de cultiver une certaine nostalgie de la Russie soviétique. Les grands exercices navals et autres manœuvres militaires spectaculaires participent la restauration de l'image de la Russie comme une grande puissance à laquelle Vladimir V. Poutine continue d'œuvrer, en rupture avec l'ère Eltsine.

« *La stratégie de sécurité nationale russe jusqu'en 2020* »[178], préparée et signée par le Président Dimitri A. Medvedev, le 12 mai 2009 identifie les rivalités pour le contrôle des ressources énergétiques dans la mer de Barents et dans d'autres zones de l'Arctique comme « *potentiellement conflictuelle* ». Ce document suggère la création d'une force militaire pour l'Arctique. Dans la nouvelle doctrine de défense, adoptée en le 5 février 2010[179], par le Président russe Dmitri A. Medvedev et qui remplace le précédent document adopté en 2000, il n'est pas fait référence à la militarisation de l'Arctique. Le document réduit le rôle de missiles nucléaires dans la politique russe de sécurité nationale qui ne seront plus utilisés que pour les conflits régionaux ou globaux[180]. Ce choix est en contradiction avec ce qu'avait annoncé, en octobre

---

177 Notre traduction de "*Ensuring Russia's presence in key operational areas of the world's oceans*" par MAKSIMOV Nikolai, "*Russian Bear Bombers Join Final Drills in N. Artlantic*" RIA Novosti, 29 janvier 2008;

178 « С Т Р А Т Е Г И Я, национальной безопасности Российской Федерации до 2020 года » disponible en ligne sur le site du Kremlin à l'adresse : http://www.scrf.gov.ru/documents/99.html (dernière consultation le 24 mars 2010) ;

179 « Военная доктрина Российской Федерации » Doctrine disponible sur http://news.kremlin.ru/ref_notes/461 (dernière consultation le 24 mars 2010);

180 SOKOV, Nikolai "*The New 2010 Russian Military Doctrine: The Nuclear Angle*", James Martin Center for Nonproliferation Studies, disponible en ligne sur le site : http://npsglobal.org/eng/index.php/component/content/article/147-articles/847-the-new-2010-russian-military-doctrine-the-nuclear-angle-nikolai-sokov-.html (dernière consultation le 24 mars 2010) ;

2009, Nicolaï Patrutchev, le secrétaire du Conseils de Sécurité, qui indiquait que la nouvelle doctrine consignerait les missiles nucléaires aux conflits locaux, ce qui aurait représenté une extension majeure du rôle de ces missiles dans la politique de sécurité nationale[181]. En revanche, le document place l'OTAN à la première place sur la liste des menaces extérieures pesant sur la Russie[182]. Soulignons toutefois qu'il ne faut pas donner trop d'importance à ces documents exposant la doctrine de la stratégie militaire russe, car il semble comme le soulignait Kristian Altand[183], que les Russes écrivent ces documents pour envoyer un signal aux Etats occidentaux et notamment à l'OTAN mais que, par la suite, la politique menée par le gouvernement ne suive pas particulièrement la ligne directrice exposée dans ces documents. Ainsi il est important d'étudier ces documents pour analyser le message que les Russes veulent envoyer aux occidentaux et la réaction qu'ils souhaitent provoquer mais, il ne faut pas considérer ceux-ci comme l'agenda véritable que les Russes entendent suivre.

L'approche sécuritaire et de défense russe dans le grand Nord a été basée sur la conviction russe que l'Occident et elle-même ont des intérêts divergents. La stratégie militaire russe pour l'Arctique de 2009 souligne bien que les activités dans la région sont connectées avec les intérêts de défense et de sécurité russes. Plusieurs éléments font que la zone continue d'avoir une grande valeur stratégique pour la Russie. La plus importante est la présence des forces nucléaires marines qui opèrent depuis la Péninsule de Kola. La dissuasion nucléaire est toujours un élément clef de la politique de sécurité russe et de sa stratégie militaire. Un affaiblissement dans les forces conventionnelles a d'ailleurs conduit à un renforcement du rôle des forces nucléaires dans la doctrine militaire russe. Les efforts de modernisation des forces

---

[181] "*Menyaetsya Rossiya, Menyaetsya i ee Voennaya Doktrina*" [As Russia Changes, its Military Doctrine Changes Too], Izvestiya, October 14, 2009.

[182] « *La nouvelle doctrine russe de défense place l'OTAN en tête des menaces est ambigu vis-à-vis de l'Occident* », Le Monde, 9 février 2010 ;

[183] Entretien avec Kristian ATLAND à Oslo le 24 février 2010 réalisé par F. Costadau ;

armées russes ont été orientés essentiellement sur la maintenance des capacités nucléaires.

On observe qu'au cours des deux mandats de la présidence de Vladimir V. Poutine, la Russie a commencé à moderniser ses forces armées notamment l'arsenal nucléaire sur la péninsule de Kola. Les sous-marins russes ont réalisé plusieurs opérations dans les eaux septentrionales et sous la banquise arctique. Ceci n'a rien d'anormal et ce genre de manœuvres était légion du temps de l'URSS. La Russie est seulement en train de renouer avec des pratiques militaires classiques.

En août 2007, les forces aériennes russes de la patrouille de bombardier, agissant sur l'ordre de l'ex-Président Vladimir V. Poutine ont opéré une série de vols stratégiques, ce qui n'avait plus été le cas depuis la fin de la guerre froide. En 2008, il y a eu quelques vols complexes par des bombardiers longue portée assistés par des tankers, des combattants d'escorte et des avions de reconnaissance. En juillet 2008, Moscou a annoncé que la Russie allait envoyer la flotte du Nord patrouiller dans les eaux arctiques. Ce devait certainement être la première fois depuis la chute de l'URSS. En septembre, il a été rapporté que la flotte sous-marine du Nord avait effectué un transit de trente jours sous les glaces arctiques. De nouveaux systèmes de missiles ont été testés dans l'océan Arctique, la mer de Barents et la mer Blanche mais sans grand succès pour le moment car les tests des missiles « *Boulava* » ont été marqués de nombreux échecs que les Norvégiens n'ont pas manqué de relever.

Les sous-marins nucléaires lanceurs de missiles balistiques de type *Boreï* vont être construits moyennant quelques modifications sur le site de Sevmash à Severodvinsk. Quatre sont déjà à des niveaux avancés de construction : Yuri Dolgorouki, Alexander Nevski, Vladimir Monomak et Svyatitel Nikolaï. Le premier a déjà passé des tests en mer dans la zone de la mer Blanche. La construction du dernier aurait débuté en décembre

2009[184]. D'après des sources militaires, il devrait être équipé des dernières technologies. Mais en décembre 2009, le Directeur de Sevmash, Nikolaï Kalistratov[185] confiait que la construction des sous-marins de type *Boreï* avait été interrompue à cause de plusieurs échecs dans le lancement des missiles *Boulava* que les sous-marins sont censés porter. Le dernier test avait donné l'occasion aux habitants des régions du Nord de la Norvège d'être témoins de l'explosion du missile dans le ciel. En effet, sept tests de lancement des missiles *Boulava* sur treize ont échoué.

La Norvège adopte une attitude tempérée et pragmatique vis-à-vis de la Russie

La Norvège a une attitude ambiguë dans la mer de Barents vis-à-vis de la Russie. Elle essaye de consolider sa souveraineté dans le Spitzberg et sur la zone disputée, tout en souhaitant améliorer ses relations énergétiques avec la Russie. Une bonne entente avec la Russie pourrait idéalement faciliter l'accès des compagnies norvégiennes aux ressources russes, voire même ouvrir la zone anciennement disputée à des activités d'exploitation du gaz et du pétrole.

Quand des patrouilles de bombardiers stratégiques russes (TU95/TU142) se sont intensifiées dans l'espace aérien international et norvégien autour des mers de Barents et de Norvège, la réaction des Norvégiens a été très retenue. Bien qu'ils soient agacés, les Norvégiens ne veulent pas manifester trop fort leur mécontentement auprès de la Russie car ce serait faire exactement ce qu'elle attend, à savoir réagir à ses provocations dans le sens d'une escalade sécuritaire. Les Norvégiens ne souhaitent pas tomber dans le piège russe et préfèrent garder une attitude réservée qui leur a bien réussi pour le moment. Les

---

[184] "*Fourth Borei-class submarine to be modernized*", Barents Observer, 12 mars 2010, disponible en ligne sur : http://www.barentsobserver.com/fourth-borei-class-submarine-to-be-modernized.4758862-16334.html (dernière consultation le 22 mars 2010;
[185] ib idem ;

Norvégiens disent alors qu'il est normal que les Russes s'entraînent et montrent leur pavillon et le fait que ces manœuvres se produisent dans l'espace aérien norvégien ne doit pas être pris comme une provocation. Le nombre de ces passages est toujours bien moindre par rapport à ce qu'il était du temps de la guerre froide.

Si la Norvège n'a pas répondu pas aux provocations russes, en août 2009, elle a toutefois été le premier pays à installer son commandement militaire dans l'Arctique en déplacant son Etat Général commandant les opérations du Nord, de Stavanger à Bodø, en lien avec l'intérêt croissant du gouvernement pour les régions nordiques. Son budget militaire est d'ailleurs en constante augmentation.

Si les deux ministres des affaires étrangères Jonas Gahr Støre et Sergueï V. Lavrov semblent très bien s'entendre ce qui contribue très positivement à la coopération entre les deux Etats, il n'en reste pas moins que le premier a déclaré avant de participer au sommet du G5 arctique à Vancouver, à des diplomates et journalistes que la Russie n'était pas encore *« un Etat stable, fiable et prévisible »* et que pour cela, il était difficile de maintenir des relations avec Moscou. Ces propos très offensifs ont largement déplu en Russie et provoqué une mini-tempête médiatique[186]. Cette crise n'a pourtant pas empêche le 27 avril dernier la conclusion inespérée du différend juridique que les deux Etats connaissaient dans la mer de Barents depuis plus de quarante ans.

---

[186] "*Støre described Russia as "not yet a stable, reliable, predictable state*", Barents Observer, disponible sur : http://www.barentsobserver.com/stoere-described-russia-as-not-yet-a-stable-reliable-predictable-state.4767464-116320.html ; « *Норвегия рассказала членам "Арктической пятерки", как поделить ресурсы с "не вполне нормальной" Россией»* disponible en ligne en russe sur http://newsru.com/world/31mar2010/sharing_north.html et " *Россию назвали "не вполне нормальной страной"* " disponible en ligne en russe sur http://www.ng.ru/world/2010-03-31/2_arctic.html (dernières consultations le 10 avril 2010) ;

Présence de l'OTAN et hostilité russe

La Russie étant le seul des cinq Etats circumpolaires à ne pas être membre de l'OTAN, il est évident que la stabilité de la région dépend essentiellement de la relation qu'entretient la Russie avec l'organisation. La Norvège souhaiterait voir le rôle de l'OTAN se développer davantage dans la partie européenne de l'Arctique. En effet, c'est un petit Etat dont la force de frappe miliaire est assez faible et confrontée à son grand voisin russe, la Norvège souhaiterait pouvoir compter sur un plus fort soutien de l'OTAN. Ainsi la Norvège insiste sur le fait que le but de l'organisation de l'Atlantique Nord est avant tout de défendre l'Europe et que la partie européenne de l'Arctique en fait partie au premier chef. Comme le rappelle Erik Sandahl, haut gradé de l'OTAN, *« il est clair qu'aux termes mêmes du Traité de l'Atlantique Nord, l'Alliance doit suivre attentivement l'évolution de la situation et l'émergence possible de nouveaux défis ou risques pouvant affecter la sécurité et les intérêts vitaux ou majeurs des Alliés dans leur ensemble »*[187]. La Norvège a récemment obtenu gain de cause car dans le document de définition des nouveaux concepts stratégiques de l'OTAN publié le 17 mai 2010 par un groupe d'experts nommés par le Secrétaire Général Fogh Rasmussen, il est acté que l'organisation va se concentrer plus sur la Russie[188]. Il n'est pas sûr que cette orientation suffise à rassurer la Norvège qui observe, *de facto*, ces dernières années, que le champ d'action de l'OTAN s'est déplacé aux régions du Proche et du Moyen Orient et à des missions « non article 5 ». Le gouvernement norvégien cherche toutefois à ne pas provoquer la Russie qui pourrait s'irriter d'une présence plus

---

[187] Echange épistolaire avec Erik SANDAHL, Operations Section Operations Division, NATO International Staff, le 14 janvier 2010 ;

[188] "*NATO's new Strategic Concept to focus more on Russia, EU*", 18 mai 2010, Barents Observer disponible en ligne sur http://www.barentsobserver.com/natos-new-strategic-concept-to-focus-more-on-russia-eu.4784718-116320.html (dernière consultation le 22 mai 2010) ;

importante de l'OTAN dans l'Arctique, la Russie ayant prévenu qu'une augmentation des activités de l'OTAN dans l'Arctique pourrait empêcher la construction d'une coopération constructive entre les Etats riverains de l'Arctique. Le gouvernement russe n'est favorable au développement de la coopération militaire nordique que si cela devait se passer dans un cadre bilatéral avec la Russie et sans implication de l'OTAN.

Si les Etats-Unis et l'OTAN ne sont pas directement très actifs dans l'Arctique, ils contribuent toutefois à la remilitarisation de la zone. La Suède et la Finlande qui sont d'un grand intérêt stratégique pour la Russie et toujours officiellement neutres, ont récemment augmenté leurs coopérations avec l'OTAN, à la fois directement à travers un partenariat pour la paix et indirectement au travers de leur participation à la défense européenne avec des initiatives nouvelles telles que la « Patrouille Nordique ». La coopération militaire entre les pays nordiques (Norvège, Suède, Finlande, Danemark et Islande) et avec l'OTAN a augmentée considérablement dans la région arctique ces dernières années.

Pour le moment, la Russie est opposée à tout engagement croissant des alliés de l'OTAN dans la région et il y a peu de raisons de penser que cela pourrait changer rapidement[189]. Pour sa part, l'OTAN a l'intention de faire tous les efforts possibles pour impliquer la Russie dans de plus nombreux engagements bilatéraux ou régionaux et tenter de renforcer la confiance réciproque sur les questions politiques et militaires. En effet, les hauts gradés de l'OTAN ne croient pas véritablement que la Russie représente un risque majeur dans l'Arctique et ils sont conscients que le discours virulent des Russes inspiré d'une rhétorique classique d'opposition Est/Ouest est essentiellement destiné à l'audience nationale russe et ne porte pas de conséquences réelles sur le terrain arctique.

La Russie a défini en 1997, l'acte fondateur pour un dialogue sur tous les domaines d'intérêt commun et cela a débouché sur des actions concrètes avec l'OTAN (un partenariat

---

[189] HOTSMARK, Sven G. "*Towards cooperation or confrontation? Security in the High North*", *Research Paper, Research Division, NATO Defence College*, Rome, n°45, February 2009;

pour la paix, des participations aux actions dans l'OTAN, une contribution à l'opération navale contre-terroriste en Méditerranée...). Sur le plan institutionnel, la relation entre la Russie et l'OTAN a évolué avec l'instauration du « conseil OTAN/Russie » qui convient mieux aux Russes car c'est un conseil spécifique à 29 membres, dans lequel on traite de toutes les questions d'intérêt commun et qui couvre plus de vingt domaines de coopération de tous ordres y compris des sujets sensibles comme la Géorgie, l'Ukraine. Ainsi, loin d'avoir des relations crispées, la Russie et l'OTAN entretiennent un dialogue régulier et constructif dans de nombreux domaines.

Ainsi, l'état des relations entre les Russes et les Norvégiens dans la région de la mer de Barents ne dépend pas beaucoup des relations de la Russie avec « l'Ouest » en général. Les deux voisins semblent en effet connaître une relation tout à fait privilégiée depuis plus d'un demi-siècle. Et le fait que l'intégration de la Russie dans les structures de coopération et de sécurité européennes et euro-atlantiques n'ait pas été aussi rapide que certains l'avaient espéré dans l'euphorie de la chute de l'URSS, ne détériore en rien les relations russo-norvégiennes. C'est pourquoi nous avions tenu à souligner la particularité de ces relations qui sont uniques à nos yeux concernant la politique étrangère russe.

Conclusion

L'Arctique est une zone géopolitique complexe mais non conflictuelle. La préservation de la tranquillité de cette aire va nécessiter la mise en œuvre de diverses coopérations entre les cinq Etats circumpolaires qui n'entretiennent pas nécessairement entre eux des relations de confiance. Les Etats Unis, le Canada et, dans une moindre mesure, le Danemark se méfient de la Russie dont le réarmement opéré ces dernières années a suscité de nombreuses interrogations concernant ses ambitions dans l'Arctique. A l'inverse, les Norvégiens entretiennent « *un voisinage correct, pacifique et en développement* » avec les Russes dans la mer de Barents[190], ce qui montre que la Russie est un partenaire fiable dont il ne semble pas fondé de se défier. Bien au contraire, sa connaissance ancienne et éprouvée du milieu arctique en fait un partenaire incontournable. Pour la Russie, la mise en valeur de l'Arctique participe, au sein d'une politique plus vaste, à l'effort de reconquête de puissance et d'influence de l'Etat sur la scène internationale.

A l'échelle globale de l'Arctique, il se pourrait cependant que la poursuite des intérêts nationaux souverainistes de court terme des Etats circumpolaires ruine les efforts entrepris pour la perpétuation de l'Arctique comme une *« zone de paix et de coopération »*. A terme, l'océan glacial Arctique sera à 91% l'objet de l'appropriation des Etats côtiers –seul 9% de l'océan disposera d'un régime d'eaux internationales libres, le reste étant couvert par les Z.E.E. des Etats riverains. C'est pourquoi, il sera nécessaire d'instaurer un dialogue et une coopération toujours plus actives entre ces Etats pour promouvoir le meilleur régime de gestion et de gouvernance possible dans cet espace fragile. Comme le souligne

---

[190] STØRE Jonas Gahr, entretien dans « Les Enjeux Internationaux », France culture, 8 juin 2010;

très justement, Margaret Blunden[191], le risque le plus pressant dans l'Arctique serait l'entrée dans un cercle vicieux de suspicion, de rhétorique nationaliste et de remilitarisation. Pour le moment, l'attitude de la Russie vis-à-vis de la Norvège laisse présager du contraire. L'entente russo-norvégienne qui est pleine de sagesse[192] est un enseignement et une incitation pour les autres Etats circumpolaires à instaurer entre eux des relations pragmatiques, cordiales et essentiellement centrées sur la mise en valeur des intérêts économiques.

Au sein du club des Etats arctiques, la Russie occupe une position particulière. Elle est à la fois un insider et un outsider. Elle est un outsider car sa présence dans la région arctique est ancienne et très développée, ce qui lui donne une avance importante par rapport aux quatre autres Etats circumpolaires avec lesquels elle ne partage pas, en outre, le statut de membre de l'OTAN. Elle est également un insider car elle joue pleinement le jeu de la coopération dans les domaines de la protection de l'environnement ou de la gestion des ressources naturelles et participe aux nombreuses institutions multilatérales de gestion et de gouvernance. Ainsi, la Russie occupe dans l'Arctique une position particulière et surtout incontournable.

Depuis que Vladimir V. Poutine a opéré un redressement économique et politique de l'Etat russe, son pays cherche à se montrer sous un nouveau jour dans ses relations avec certains partenaires occidentaux, à la fois plus conciliant et respectable mais aussi plus exigeant et respecté. La Russie reste très méfiante vis-à-vis des Etats occidentaux qui l'ont souvent méprisée. Les racines de cette défiance russe pour le groupe de pays de l'ancien bloc de l'Ouest sont anciennes. Pour Michel Rocard[193], elles

---

[191] BLUNDEN Margaret "*The new problem of Arctic stability*", (Emeritus Professor at the University of London), *Survival*, vol 51 N° 5, Octobre-Novembre 2009, p121-142;
[192] STØRE Jonas Gahr, entretien dans « Les Enjeux Internationaux », France culture, 8 juin 2010;
[193] ROCARD Michel, conclusions du colloque de l'IFRI sur les enjeux stratégiques dans le Grand Nord, le 3 juin 2010 ;

dateraient de l'annonce en 1991 par les Russes de la dissolution du Pacte de Varsovie -qui avait été créé en 1955 en réponse à l'instauration de l'Organisation du Traité de l'Atlantique Nord- à laquelle les Américains ont manqué de répondre par la dissolution réciproque de l'OTAN. Il souligne qu'à ses yeux, les Américains ont laissé passer une occasion unique de rassurer la Russie, de lui témoigner leur confiance et de l'encourager sur le chemin de la normalisation politique et diplomatique. Ce que l'on peut remarquer près de vingt ans après cet événement, c'est que l'OTAN est une organisation qui cherche sa place. La Russie n'étant plus le grand ennemi de naguère, l'organisation n'a plus, en Europe, de raison d'être. D'ailleurs, elle est chargée de missions de plus en plus éloignées du terrain européen, ce qui mécontente grandement les Norvégiens ou les Etats Baltes qui souhaiteraient voir l'OTAN se soucier d'avantage de la stabilité européenne.

L'accord historique entre les Russes et les Norvégiens pour la définition de leur frontière maritime dans la mer de Barents aura certainement des répercussions considérables et notamment sur les relations russo-canadiennes dans la région qui sont particulièrement mauvaises. Si les Canadiens sont si virulents depuis 2005, c'est essentiellement parce qu'ils ont été surpris par les avancées des Russes dans l'Arctique qui ont soulignées leur impréparation technique et politique et leur incapacité à occuper la place qui leur reviendrait théoriquement dans la région. Globalement, les Etats circumpolaires sont invités à revoir leur façon de considérer la Russie car celle-ci ne semble pas représenter le moindre danger. En effet, si les Russes et les Norvégiens sont parvenus à un accord pour la délimitation de leur frontière commune dans mer de Barents, les Etats-Unis et le Canada sont loin de pouvoir en dire autant dans la mer de Beaufort. Leur différend frontalier reste le seul grand différend juridique en suspend dans l'Arctique.

Ainsi, il revient aux quatre Etats voisins de la Russie dans l'Arctique, de profiter de ce moment de bonne volonté russe pour collaborer et coopérer. C'est ce que fait la Norvège avec succès mais c'est ce que n'est pas encore parvenu à réaliser le Canada. Les Norvégiens ont compris que, sans se renier, il est possible de collaborer très activement avec les Russes qui sont des partenaires fiables aussi longtemps qu'on ne témoigne pas à leur égard de défiance, ni de suspicion. A l'inverse, en répondant trop tardivement aux propositions russes en faveur d'une meilleure coordination et coopération dans les efforts de recherche et de sauvetage dans l'Arctique, les Canadiens ont raté, ces dernières années, une occasion inédite de se rapprocher des Russes. Tout autant que les Américains ont manqué de saisir la main tendue russe pour coopérer dans la lutte contre le terrorisme, en 2001 à la suite des attentats du 11 septembre. La raison du manque de convergence des volontés russes et américaines de coopérer est essentiellement due à l'imprécision de la ligne diplomatique américaine vis-à-vis de la Russie. Au résultat, la Russie entretient avec les Etats-Unis comme avec le Canada des relations qui, sans être totalement dégradées, ne sont pas pour autant très constructives.

Bien que les Etats-Unis, le Canada, le Danemark et la Norvège restent assez méfiants vis-à-vis des ambitions russes dans l'arctique, ces Etats sont conscients de la nécessité de coopérer avec la Russie pour parvenir à identifier des intérêts et des défis communs par rapport aux mutations climatiques, économiques et sécuritaires de la zone arctique. Face à eux, les officiels russes insistent sur le fait que, malgré la confection, par leurs services, de certains plans pour renforcer la sécurité de la frontière nordique, leur politique de prédilection est de poursuivre la coopération dans une région décrite comme une « *zone de paix* ».

Le gouvernement russe a d'ailleurs clairement identifié certains problèmes à propos desquels la coopération pourrait être très active entre les Etats riverains de l'océan glacial Arctique. Ces domaines sont la lutte contre le terrorisme et le trafic de drogue, la gestion des espaces aériens, la coopération maritime et la recherche sous-marine. Ces coopérations seraient un moyen viable d'entretenir la stabilité de la zone et de garantir un meilleur respect des normes environnementales. Dans la mer de Barents, les jalons ont déjà été posés entre les Russes et les Norvégiens pour développer des opérations communes de sauvetage en mer (« *search and rescue* ») et la coopération industrielle et technique sur les dossiers de pêche durable, de déversements polluants et de l'extraction de gaz et le pétrole. Comme nous l'avons souligné, la

Russie participe aux nombreuses institutions de coopération et de gestion de l'Arctique, cela témoigne de sa part d'une certaine bonne volonté. Son expérience est précieuse pour les autres Etats circumpolaires qui avaient jusqu'alors très peu mis en valeur ces espaces septentrionaux.

Le rôle clef et moteur de la Russie dans l'Arctique est de plus en plus souligné par les commentateurs occidentaux. Dans un article d'opinion publié dans le Financial Times, Charles Emmerson indique que les voisins arctiques de la Russie ont beaucoup à apprendre de son expérience dans la région. La Russie, rappelle Emmerson, a une longue histoire d'exploration dans la région, qui n'est pas très bien connue en dehors de ses frontières. Il ajoute que si on la comprend bien, l'attitude de la Russie dans l'Arctique n'est pas nécessairement alarmante. Ces considérations ont amené de nombreux experts à réviser leurs jugements sur la Russie, car cet Etat ne semble pas représenter une menace pour la paix et la stabilité dans l'océan glacial Arctique[194]. Malgré ces réassurances, certains diplomates, à l'instar du Ministre norvégien des Affaires Etrangères Jonas Gahr Støre considèrent toujours que la Russie *« n'est pas encore un Etat un Etat stable, fiable et prévisible ».* Ainsi, s'ils lui accordent sans cesse plus de crédit, les nouveaux partenaires de la Russie, restent toutefois assez vigilants à son égard.

***

[194] *« Canadian Arctic fears of Russia may be unfounded »,* 12 mai 2010 par Barents Observer, disponible en ligne à l'adresse http://www.barentsobserver.com/canadian-arctic-fears-of-russia-may-be-unfounded.4783394-116320.html (dernière consultation le 23 mai 2010) ;

Bibliographie

Articles

ALTLAND Kristian (2009) "*When Security Speech Acts Misfire: Russia and the Elektron Incident*". Security Dialogue, Vol. 40, No. 3;

ATLAND Kristian *"Russia's Northern Fleet and the Oil Industry – Rivals or Partners?" Armed Forces & Society, Vol. 35, No. 2, (2009);*

ATLAND Kristian, "*Russia, the Barents Sea, and the Arctic: From Cold War to Petroleum Bonanza?*" in Bertil Nygren, Bo Huldt, Patrik Ahlgren, Pekka Svionen & Susanna Huldt (eds.) : "*Russia on Our Minds: Russian Security Policy and Northern Europe*", Strategic Yearbook 2008-2009. Stockholm: National Defence University 2010, pp. 111-132;

AUSTVIK Ole Gunnar, « *Oil and Gas in the High North – A Perspective from Norway* ». The Norwegian Atlantic Committee's Security Policy Library, n°4;

BAYOU Céline, LE BOURRHIS Eric, « *Norilsk et Mourmansk, quel avenir pour deux villes du Grand Nord russe ?* », Le Courrier des pays de l'Est, La documentation française, mai 2008, p 35 ;

BEZAT, Jean Michel, *« A Chtokman, le pari titanesque mais fragile de Total sur l'un des plus grands champs gaziers au monde », 7 avril 2010, Le Monde ;*

BLUNDEN Margaret "*The new problem of Arctic stability*", (Emeritus Professor at the University of London), *Survival*, vol 51 N° 5, Octobre-Novembre 2009, P 121-142;

CAGNOLI Sébastien, « *Fret ferroviaire entre le Transsibérien et la mer Blanche: où en est le projet Belkomour?* », 15 avril 2010, dossier n° 54 *"Portrait du Nord de la Russie européenne"* de Regards sur l'Est ;

CHICLO Boris, *« l'Ethnographie en zone interdite »,* La revue pour l'histoire du CNRS, n°20, Printemps 2008 ;

COSTADAU Fabienne, *« Visite de Barentsburg et rencontre avec ses habitants »* dans le dossier n°54 de Regards sur l'Est *"Portrait du Nord de la Russie européenne"* publié le 15 avril 2010 ;

COSTADAU Fabienne, « *Coopération russo-norvégienne dans la mer de Barents* », Regards sur l'Est, n°54, *"Portrait du Nord de la Russie européenne"*, 15 avril 2010,

COSTADAU Fabienne, « *Jérôme Sgard : Quel modèle industriel pour la Russie du XXIe siècle ?* », le 3 mars 2010, Nouvelle Europe ;

Dr. POUSSENKOVA Nina, "*Rosneft as a Mirror of Russia's Evolution*", Institute of World Economy and International Relations, Russian Academy of Sciences;

DUPONT Gaëlle, « *L'Arctique est souillé par une multitude de pollutions* », 1 janvier 2010, Le Monde ;

FIGENSCHOU, Havard Raaven, " Hydrocarbons and jurisdictional disputes in the High North. Explaining the rational of Norway's High North policy", 2008, FNI ;

GARCIN, Thierry, « *Le Grand Nord, nouvel espace géopolitique* », 2006, Défense nationale ;

GODARD Alain, ANDRE Marie-France, Les milieux polaires, Armand Collin, 1999 ;

GRENIER Alain A., « *Croisières et tourisme polaire : Des vacances aux confins de la géographie* », *VertigO - la revue électronique en sciences de l'environnement*, Regards sur le monde, 2008 ;

HOLTSMARK Sven G. "*Towards cooperation or confrontation? Security in the High North*", Deputy Director at the Norwegian Institute for Defence Studies, Research Paper, Research Division, NATO Defence College, Rome, n°45, February 2009 ;

JOKOBSON Linda, « *China prepares for an Ice-Free Arctic* » dans SIPRI Insights on Peace and Security, no. 2010/2, Mars 2010 ;

LASSERE Frédéric, « *Arctique : la guerre des détroits n'aura pas lieu* » dans Alternatives internationales, Hors série n°7, décembre 2009 ;

LE BOURRHIS Eric, « La « belle montagne » - La ville de Montchegorsk (oblast de Moumansk) », publié le 15 avril 2010 dans la revue Regards sur l'Est ;

MAKSIMOV Nikolai, "*Russian Bear Bombers Join Final Drills in N. Artlantic*" RIA Novosti, 29 janvier 2008;

MARCHAND Pascal, « *La Russie et l'Arctique, Enjeux géostratégiques pour une grande puissance* », Courrier des Pays de l'Est, La Documentation Française, mars-avril 2008 ;

MELNIK Alexandre, *« Russie versus Occident », revue « Passages », juin 2009, p 55-62 ;*

MOE Arild, "*Russian and Norwegian petroleum strategies in the Barents Sea*", 22 mai 2010;

MULHERIN Nathan, SODHI Devinder, et SMALLIDGE Elisabeth, *"Northern Sea Route and Icebreaking" Technology , Cold Regions Research & Engineering Laboratory, Fairbanks , 1994;*

OFFERDAL Kristine, *« Arctic energy in EU policy: arbitrary interests in the Norwegian High North »*, Arctic, vol. 63, no.1, March 2010;

Prof. WECKEL Philippe « *Déclaration d'Ilulissat : les cinq Etats riverains se partagent l'Océan Arctique* », Sentinelle, n° 151, 1° juin 2008 ;

RAAVEN Havard Figenschou, *"Hydrocarbons and jurisdictional disputes in the High North. Explaining the rational of Norway's High North policy", 2008, FNI;*

ROQUEPLO Olivier, « *De Novgorod aux menaces de l'Otan* », publié le 15 avril 2010 dans la revue en ligne Regards sur l'Est ;

SIECA-KOZLOWSKI Elisabeth, « *L'armée russe : stratégies de survie et modalités d'action individuelle et collective en situation de " chaos "* », Cultures & Conflits, 24-25, hiver 1996- printemps 1997 ;

SMOLOVSKIY Andrei(2000) "*Arkhipelag Shpitsbergen i bezopasnost' Rossii'* [The Spitsbergen archipelago and Russia's security]. Morskoi sbornik, No. 6, pp. 38-43;

SOKOV, Nikolai "*The New 2010 Russian Military Doctrine: The Nuclear Angle*", James Martin Center for Nonproliferation Studies;

SWAHILL Steve G., *"Defining the North in Norwegian Politics", Ocean Future, Oslo 2008 ;*

THOREZ Pierre *« Sevmorput, la Route maritime du Nord »,* Le Courrier des Pays de l'Est, La Documentation Française, mars-avril 2008 ;

TOULOUSE Eva, « *Les découpages administratifs Nenets – contexte, enjeux et identités* », publié le 15 avril 2010, dossier de Regard sur l'Est n°54 ;

VANDERVRUYSSEN Olivier, « *La Nouvelle-Zemble: carrefour stratégique de l'Arctique russe* » dans le dossier de Regards du l'Est intitulé "Portrait du Nord de la Russie européenne", publié le 15 avril 2010 ;

VIDAL Florian, « *Russie-Scandinavie : coopération pour le partage de l'Arctique* », le 15 octobre 2007, Regards sur l'Est ;

ZYSK Katarzyna "*Russian Military Power and the Arctic*", The EU-Russia Centre's Review, n° 8 – Russian Foreign Policy EU-Russia centre, October 2008, pp 80-86 ;

ZYSK Katarzyna, "*Russia and the high north: Security and defense perspectives*", Security Prospects in the High North: geostrategic Thaw or Freeze?, NATO Defense College, 2009;

Entretiens personnels de F. Costadau (ordre chronologique) :

Entretien téléphonique avec Cyril GLOAGUEN, le 28 octobre 2009 ;

Entretien avec Yuri SLEZKINE, Director of Slavic, East European and Eurasian Studies, University of California, à Paris, le 16 novembre 2009 à l'EHESS;

Entretiens avec Laurent MAYET, Président et Fondateur du Cercle Polaire, Adjoint de Michel ROCARD, Ministre des pôles et membre du ministère des Affaires Etrangères, à Paris, automne 2009 ;

Entretien téléphonique avec Elena ANDREEVA de l' « Institute for System Studies » - ISA RAS, le 20 décembre 2009;

Entretien avec Nicolas MINGASSON, le 9 décembre 2009 à Paris ;

Entretien avec Eric BROSSIER, le 9 décembre 2009 à Paris ;

Entretien téléphonique et échange épistolaire avec SANDAHL Eric, Operations Section Operations Division, NATO International Staff, le 14 janvier 2010 ;

Entretien avec Mathieu MESSONIER, Administrateur principal, Office parlementaire d'évaluation des choix scientifiques et technologiques (OPECST), le 15 janvier 2010, à Paris ;

Entretien téléphonique avec Frédéric LASSERE, Université de Laval, Département de Géographie, Canada, le 18 janvier 2010 ;

Entretien avec Prof. Dr. Carlo SANTULLI, le 21 janvier 2010, à Paris, IHEI, Paris II-Assas-Panthéon ;

Entretien avec Pierre THOREZ, Université du Havre, le 4 février 2010, au Havre ;

Entretien téléphonique avec Pascal MARCHAND, le 8 février 2010 ;

Cours de Susanne LALONDE, Professeur Agrégée, Faculté de Droit, Université de Montréal, du 8 au 12 février 2010, IHEI, Paris II-Assas-Panthéon ;

Entretiens téléphoniques et en direct avec Harald H. EIE, Norwegian Institute for Defense Studies, à Olso, le 21 et 23 février 2010 ;

Entretien avec Rolf TAMNES, Directeur du Norwegian Institute for Defense Studies, à Olso, le 21 février 2010 ;

Entretien avec Svein ROTTEN et Leif Christian JENSEN du Fridtjof Nansen Institute, à Lysaker (Oslo), le 21 février 2010 ;

Entretien avec Jean-Louis Duclos, Attaché de coopération scientifique et universitaire, centre culturel français, à Olso, le 21 février 2010 ;

Entretien avec Kristian ATLAND, Norwegian Defense Research Establichment, à KJELLER, Oslo le 22 février 2010 réalisé par F. Costadau ;

Entretiens téléphoniques et en direct avec Dr. Katarzyne KYSK, Norwegian Institute for Defense Studies, à Olso, le 23 février 2010 ;

Entretien au Ministère des affaires étrangères norvégien avec Jostein MYKLETUN, Ambassadeur et Conseiller Spécial et Manager pour le Projet du Grand Nord, le 23 février 2010 ;

Entretien avec Indra OVERLAND, Norwegian Institute of International Affairs, réalisé à Oslo, au NUPI, le 23 février 2010, par F. Costadau ;

Entretien avec Prof GODZIMIRKSI, Norwegian Institute of International Affairs, réalisé à Oslo, au NUPI, le 23 février 2010, par F. Costadau ;

Entretien au Ministère de la Défense norvégien avec Mme Mari OLSEN, Mme Barbro HUGAAS, Mme Monika DAHLBERG EIKELAND et Mme Kirsti SKJERVEN, le 24 février 2010, Oslo ;

Entretien avec Arnfinn JORGENSEN-DAHL,Ocean Futures, à Olso, le 24 février 2010 ;

Entretien avec Jan Magne MARKUSSEN, Managing Director, Ocean Futures, à Olso, le 24 février 2010 ;

Entretien avec Willy OSTRENG, Ocean Futures, à Olso, le 24 février 2010 ;

Entretien avec Karl Magnus LOVLIEN EGER, Ocean Futures, à Olso, le 24 février 2010 ;

Entretien avec Alekey MARCHENKO, Head of Arctic Technology Departement, UNIS, à Longyearbyen (Spitzberg), le 25 février 2010;

Entretien avec Gunnar LUND, Directeur de l'UNIS, à Longyearbyen (Spitzberg), le 25 février 2010 ;

Entretien avec Natakya MARCHENKO, Arctic Technology Departement, UNIS, à Longyearbyen (Spitzberg), le 25 février 2010 ;

Entretien avec Odd Olsen INGERO, Gouverneur du Spitzberg, à Lonyearbyen (Spitzberg), le 25 février 2010 ;

Entretien avec Viviane du CASTEL SUEL, Directeur Pédagogique, Enseignant chercheur, ISEG, à Paris, le 9 mars 2010 ;

Ouvrages et thèses

ARNAULT Jacques, Finlande, « finlandisation, Union soviétique, l'Harmattan, 1981 ;

БРИНКЕН Александр Олегович. Пространственная организация освоения ресурсов нефти и газа зарубежной и российской Арктики, Санкт-Петербург, 2005 ;

BRUNSTAD, MAGNUS, SWANSON, HONNELAND, OVERLAND, Big oil playground, Russian bear preserve or european periphery? The Russian Barents region towards 2015, Eburon Delft, 2004;

CANOBBIO Eric, Atlas des pôles, Autrement, collection Atlas Monde, 2007 ;

CARRERE D'ENCAUSE Hélène, L'Empire éclaté, Flammarion, 1991, Paris ;

CHAUSSEE, François, La mer de Barents et ses rivages : de l'exploitation d'un espace à la préservation d'un territoire, 2009, Université de Nantes ;

CORBINEAU Aurélie, Bref été au Spitzberg, Gaia, 2006 ;

DE POOTER Hélène, L'Emprise des Etats côtiers sur l'Arctique, Editions A.Pedone, 2009 ;

FOUCHER Michel, Front et frontière, Fayard, 1992, Paris ;

HONNELAND Geir, Russia and the west, Environmental cooperation and conflict, Routlegde, 2003 ;

HONNELAND Geir, BLAKKISRUD Helge, Centre-Periphery relations in Russia, The case of the North-western regions, Ashgate 2001;

HONNELAND Geir, BLAKKISRUD Helge, Federal politics and the Russian North, University Press of America, 2006;

LIZIN Anne Marie, Gazprom : stratégie de la Russie, Edition Luc Pire, 2007 ;

MALAURIE Jean, Les derniers rois de Thulé, Collection Terre Humaine, Plon, 1976 ;

MARCHAND Pascal, Atlas géopolitique de la Russie, Autrement, 2007 ;

МИХАЙЛОВ И.А., Архипелаг Шпицберген, Научный мир 2004 ;

OVERLAND Indra et KJAERNET Heidi, Russian renewable energy. The Potential for International Cooperation, Ashgate, 2009;

RAVIOT Jean-Robert, Qui dirige la Russie ? Edition Lignes de Repères, 2007 ;

SLEZKINE Yuri, Arctic mirrors. Russia and the small peoples of the North, Ithaca, Cornell University Press, 1994;

Communications et discours

ВОРОНКОВ, Л.С. du МГИМО et МИД России, dans « Геополитические измерения развития транспорта и логистики в регионе БЕАТА», conférence internationale « Development of the judicial normative base in field of transport in the region of the BEATA, 7 octobre 2009 ;

FLEICHER Carl August, « *The New International Law of the Sea and Svalbard* », intervention présentée le 24 janvier 2007, à un colloque sur les politiques et la loi, l'énergie et l'environnement dans le Grand Nord, à l'académie norvégienne des lettre et des sciences ;

LAHNSTEIN Erik, GOMART Thomas, MOE Arild, ROCARD Michel : intervention à la conférence de l'IFRI sur *« Les Enjeux stratégiques du Grand Nord »,* 3 juin 2010, à Paris ;

RIEKER, Pernille, « *L'UE, la Norvège et la région septentrionale* ». Présentation au séminaire : la mer de Barents : problématique géopolitique et de sécurité, Institut des relations internationales, Paris 24 novembre ;

STØRE Jonas Gahr, « *Norwegian foreign policy priorities* », discours à la London School of Economics, le 26 octobre 2005 ;

STØRE, Jonas Gahr, "*Norway – A Cooperation Partner in the High North*" à MGU (Moscow State University), Moscow, 17 February 2006;

STØRE, Jonas Gahr, Ministre des Affaires étrangères norvégien, discours prononcé à l'Université de Tromso le 10 Novembre 2005, intitulé « *A sea of opportunities –A sound policy for the High North* » ;

STØRE, Jonas Gahr, « *The High North : New Challenges for Europe* », discours prononcé à l'Université de la Humboldt à Berlin le 16 octobre 2007 ;

UTSETH Anita, « *Reliable, long-term gas supply from Norway* », Discours prononcé le 16 mai 2007 à la conférence européenne du gaz à Oslo ;

Annexes

Extraits de la Convention des Nations Unies sur le Droit de la Mer (1982)

Les États Parties à la Convention,

Animés du désir de régler, dans un esprit de compréhension et de coopération mutuelles, tous les problèmes concernant le droit de la mer et conscients de la portée historique de la Convention qui constitue une contribution importante au maintien de la paix, à la justice et au progrès pour tous les peuples du monde,

Constatant que les faits nouveaux intervenus depuis les Conférences des Nations Unies sur le droit de la mer qui se sont tenues à Genève en 1958 et en 1960 ont renforcé la nécessité d'une convention nouvelle sur le droit de la mer généralement acceptable, […]

Souhaitant développer, par la Convention, les principes contenus dans la résolution 2749 (XXV) du 17 décembre 1970, dans laquelle l'Assemblée générale des Nations Unies a déclaré solennellement, notamment, que la zone du fond des mers et des océans, ainsi que de leur sous-sol, au-delà des limites de la juridiction nationale et les ressources de cette zone sont le patrimoine commun de l'humanité et que l'exploration et l'exploitation de la zone se feront dans l'intérêt de l'humanité tout entière, indépendamment de la situation géographique des Etats, […]

Sont convenus de ce qui suit : […]

PARTIE II : Mer territoriale et zone contiguë

SECTION 1 : Dispositions générales

Article 2 : Régime juridique de la mer territoriale et de l'espace aérien surjacent, ainsi que du fond de cette mer et de son sous-sol

1. La souveraineté de l'Etat côtier s'étend, au-delà de son territoire et de ses eaux intérieures et, dans le cas d'un Etat archipel, de ses

eaux archipélagiques, à une zone de mer adjacente désignée sous le nom de mer territoriale.

2. Cette souveraineté s'étend à l'espace aérien au-dessus de la mer territoriale, ainsi qu'au fond de cette mer et à son sous-sol.

3. La souveraineté sur la mer territoriale s'exerce dans les conditions prévues par les dispositions de la Convention et les autres règles du droit international.

SECTION 2 : Limites de la mer territoriale

Article 3 : Largeur de la mer territoriale

Tout Etat a le droit de fixer la largeur de sa mer territoriale, cette largeur ne dépasse pas 12 milles marins mesurés à partir de lignes de base établies conformément à la Convention.

Article 4 : Limite extérieure de la mer territoriale

La limite extérieure de la mer territoriale est constituée par la ligne dont chaque point est à une distance égale à la largeur de la mer territoriale du point le plus proche de la ligne de base.

Article 5 : Ligne de base normale

Sauf disposition contraire de la Convention, la ligne de base normale à partir de laquelle est mesurée la largeur de la mer territoriale est la laisse de basse mer le long de la côte, telle qu'elle est indiquée sur les cartes marines à grande échelle reconnues officiellement par l'Etat côtier.

Article 8 : Eaux intérieures

1. Sous réserve de la partie IV, les eaux situées en deçà de la ligne de base de la mer territoriale font partie des eaux intérieures de l'Etat.

2. Lorsque le tracé d'une ligne de base droite établie conformément à la méthode décrite à l'article 7 inclut dans les eaux intérieures des eaux qui n'étaient pas précédemment considérées comme telles, le droit de passage inoffensif prévu dans la Convention s'étend à ces eaux.

Article 15 : Délimitation de la mer territoriale entre Etats dont les côtes sont adjacentes ou se font face

Lorsque les côtes de deux Etats sont adjacentes ou se font face, ni l'un ni l'autre de ces Etats n'est en droit, sauf accord contraire entre eux, d'étendre sa mer territoriale au-delà de la ligne médiane dont tous les points sont équidistants des points les plus proches des lignes de base à partir desquelles est mesurée la largeur de la mer territoriale de chacun des deux Etats. Cette disposition ne s'applique cependant pas dans le cas où, en raison de l'existence de titres historiques ou d'autres circonstances spéciales, il est nécessaire de délimiter autrement la mer territoriale des deux Etats.

Partie VI : Plateau continental

Article 76 : Définition du plateau continental

1. Le plateau continental d'un Etat côtier comprend les fonds marins et leur sous-sol au-delà de sa mer territoriale, sur toute l'étendue du prolongement naturel du territoire terrestre de cet Etat jusqu'au rebord externe de la marge continentale, ou jusqu'à 200 milles marins des lignes de base à partir desquelles est mesurée la largeur de la mer territoriale, lorsque le rebord externe de la marge continentale se trouve à une distance inférieure.

2. Le plateau continental ne s'étend pas au-delà des limites prévues aux paragraphes 4 à 6.

3. La marge continentale est le prolongement immergé de la masse terrestre de l'Etat côtier; elle est constituée par les fonds marins correspondant au plateau, au talus et au glacis ainsi que leur sous-sol. Elle ne comprend ni les grands fonds des océans, avec leurs dorsales océaniques, ni leur sous-sol.

4. a) Aux fins de la Convention, l'Etat côtier définit le rebord externe de la marge continentale, lorsque celle-ci s'étend au-delà de 200 milles marins des lignes de base à partir desquelles est mesurée la largeur de la mer territoriale, par :

i) Une ligne tracée conformément au paragraphe 7 par référence aux points fixes extrêmes où l'épaisseur des roches sédimentaires est égale au centième au moins de la distance entre le point considéré et le pied du talus continental; ou

ii) Une ligne tracée conformément au paragraphe 7 par référence à des points fixes situés à 60 milles marins au plus du pied du talus continental.

b) Sauf preuve du contraire, le pied du talus continental coïncide avec la rupture de pente la plus marquée à la base du talus.

5. Les points fixes qui définissent la ligne marquant, sur les fonds marins, la limite extérieure du plateau continental, tracée conformément au paragraphe 4, lettre a), i) et ii), sont situés soit à une distance n'excédant pas 350 milles marins des lignes de base à partir desquelles est mesurée la largeur de la mer territoriale, soit à une distance n'excédant pas 100 milles marins de l'isobathe de 2 500 mètres, qui est la ligne reliant les points de 2 500 mètres de profondeur.

6. Nonobstant le paragraphe 5, sur une dorsale sous-marine, la limite extérieure du plateau continental ne dépasse pas une ligne tracée à 350 milles marins des lignes de base à partir desquelles est mesurée la largeur de la mer territoriale. Le présent paragraphe ne s'applique pas aux hauts-fonds qui constituent des éléments naturels de la marge continentale, tels que les plateaux, seuils, crêtes, bancs ou éperons qu'elle comporte.

7. L'Etat côtier fixe la limite extérieure de son plateau continental, quand ce plateau s'étend au-delà de 200 milles marins des lignes de base à partir desquelles est mesurée la largeur de la mer territoriale, en reliant par des droites d'une longueur n'excédant pas 60 milles marins des points fixes définis par des coordonnées en longitude et en latitude.

8. L'Etat côtier communique des informations sur les limites de son plateau continental, lorsque celui-ci s'étend au-delà de 200 milles marins des lignes de base à partir desquelles est mesurée la largeur de la mer territoriale, à la Commission des limites du plateau continental constituée en vertu de l'annexe II sur la base d'une représentation géographique équitable. La Commission adresse aux Etats côtiers des recommandations sur les questions concernant la fixation des limites extérieures de leur plateau continental. Les limites fixées par un Etat côtier sur la base de ces recommandations sont définitives et de caractère obligatoire.

9. L'Etat côtier remet au Secrétaire général de l'Organisation des Nations Unies les cartes et renseignements pertinents, y compris les données géodésiques, qui indiquent de façon permanente la limite extérieure de son plateau continental. Le Secrétaire général donne à ces documents la publicité voulue.

10. Le présent article ne préjuge pas de la question de la délimitation du plateau continental entre des Etats dont les côtes sont adjacentes ou se font face.

Article 83 : Délimitation du plateau continental entre Etats dont les côtes sont adjacentes ou se font face

1. La délimitation du plateau continental entre Etats dont les côtes sont adjacentes ou se font face est effectuée par voie d'accord conformément au droit international tel qu'il est visé à l'article 38 du Statut de la Cour internationale de Justice, afin d'aboutir à une solution équitable.

2. S'ils ne parviennent pas à un accord dans un délai raisonnable, les Etats concernés ont recours aux procédures prévues à la partie XV.

3. En attendant la conclusion de l'accord visé au paragraphe 1, les Etats concernés, dans un esprit de compréhension et de coopération, font tout leur possible pour conclure des arrangements provisoires de caractère pratique et pour ne pas compromettre ou entraver pendant cette période de transition la conclusion de l'accord définitif. Les arrangements provisoires sont sans préjudice de la délimitation finale.

4. Lorsqu'un accord est en vigueur entre les Etats concernés, les questions relatives à la délimitation du plateau continental sont réglées conformément à cet accord. [...]

SECTION 8 : Zones recouvertes par les glaces

Article 234 : Zones recouvertes par les glaces

Les Etats côtiers ont le droit d'adopter et de faire appliquer des lois et règlements non discriminatoires afin de prévenir, réduire et maîtriser la pollution du milieu marin par les navires dans les zones recouvertes par les glaces et comprises dans les limites de la zone économique exclusive, lorsque des conditions climatiques particulièrement rigoureuses et le fait que ces zones sont recouvertes par les glaces pendant la majeure partie de l'année font obstacle à la navigation ou la rendent exceptionnellement dangereuse, et que la pollution du milieu marin risque de porter gravement atteinte à l'équilibre écologique ou de le perturber de façon irréversible. Ces lois et règlements tiennent dûment compte de la navigation, ainsi que de la protection et de la préservation du milieu marin sur la base des données scientifiques les plus sûres dont on puisse disposer.

L'HARMATTAN, ITALIA
Via Degli Artisti 15 ; 10124 Torino

L'HARMATTAN HONGRIE
Könyvesbolt ; Kossuth L. u. 14-16
1053 Budapest

L'HARMATTAN BURKINA FASO
Rue 15.167 Route du Pô Patte d'oie
12 BP 226
Ouagadougou 12
(00226) 76 59 79 86

ESPACE L'HARMATTAN KINSHASA
Faculté des Sciences Sociales,
Politiques et Administratives
BP243, KIN XI ; Université de Kinshasa

L'HARMATTAN GUINEE
Almamya Rue KA 028
En face du restaurant le cèdre
OKB agency BP 3470 Conakry
(00224) 60 20 85 08
harmattanguinee@yahoo.fr

L'HARMATTAN COTE D'IVOIRE
M. Etien N'dah Ahmon
Résidence Karl / cité des arts
Abidjan-Cocody 03 BP 1588 Abidjan 03
(00225) 05 77 87 31

L'HARMATTAN MAURITANIE
Espace El Kettab du livre francophone
N° 472 avenue Palais des Congrès
BP 316 Nouakchott
(00222) 63 25 980

L'HARMATTAN CAMEROUN
BP 11486
(00237) 458 67 00
(00237) 976 61 66

Achevé d'imprimer par Corlet Numérique - 14110 Condé-sur-Noireau
N° d'Imprimeur : 76946 - Dépôt légal : février 2011 - *Imprimé en France*

www.ingramcontent.com/pod-product-compliance
Lightning Source LLC
LaVergne TN
LVHW021224061026
849535LV00008B/2911